U0141883

鴉片

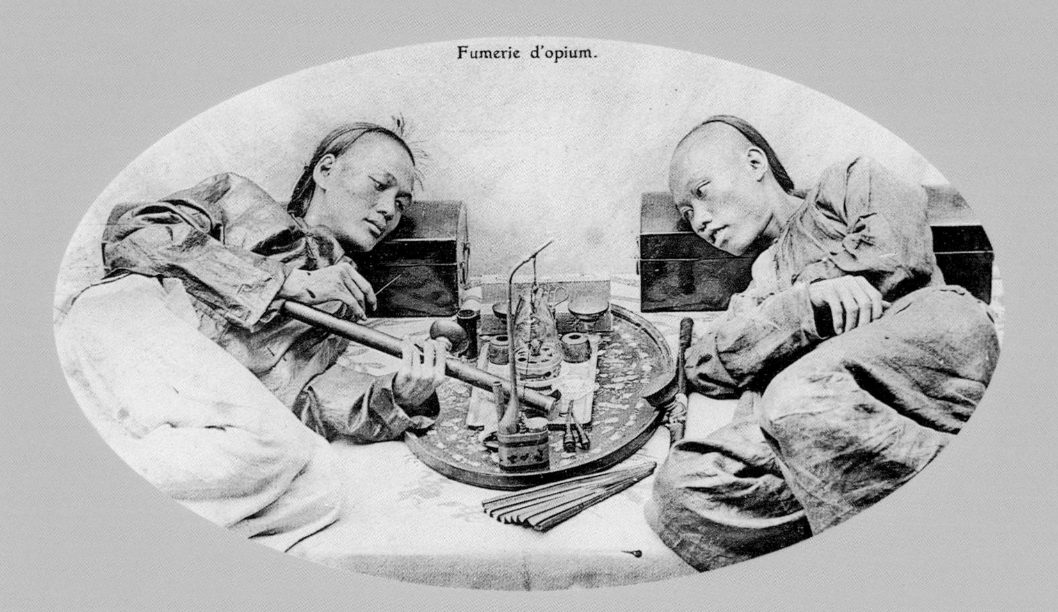

Opium: A Portrait of the Heavenly Demon

黑色迷霧中的極樂天堂

鴉片

芭芭拉・霍奇森（Barbara Hodgson）◎著
邱文寶◎譯
楊照◎專文導讀

三言社出版

Opium: A Portrait of the Heavenly Demon
by Barbara Hodgson

鴉片：黑色迷霧中的極樂天堂

作者　芭芭拉·霍奇森（Barbara Hodgson）

總編輯　劉麗眞
主編　葛雅茜
執行編輯　金薇華
文字校對　林秋芬
美術設計　吉松薛爾
發行人　涂玉雲
出版　臉譜出版
製作　三言社
台北市信義路二段213號11樓
電話：(02)2356-0933　傳眞：(02)2356-0914
發行　英屬蓋曼群島商家庭傳媒股份有限公司城邦分公司
台北市民生東路二段141號2樓
讀者服務專線：0800-020-299(週一至週五 9:30-12:00；13:30-17:30)
電話：(02)2500-0888　傳眞：(02)2500-1938
郵撥帳號：19833503
郵撥戶名：英屬蓋曼群島商家庭傳媒股份有限公司城邦分公司
城邦網址：http://www.cite.com.tw
臉譜推理星空網址：http://www.faces.com.tw
讀者服務信箱：cs@cite.com.tw
香港發行所　城邦（香港）出版集團
香港灣仔軒尼詩道235號3樓
電話：852-25086231 852-25086217　傳眞：852-25789337
馬新發行所　城邦（馬新）出版集團
Cite(M)Sdn.Bhd.(458372U)
11, Jalan 30D/146, Desa Tasik, Sungai Besi
57000 Kuala Lumpur, Malaysia
電話：603-90563833　傳眞：603-90562833
初版一刷　2005年6月30日

ISBN 986-7581-18-0
定價：280元

☆書名頁　**鴉片館一隅**。印度支那（越南）廣州灣租界的明信片。

☆前左頁　**一種外來惡習**。1890年代起，法國沿海城市即盛行吸食鴉片。到了1903年，這股風潮席捲全國。《小日報》(*Le Petit Journal*)，1903年7月5日。

☆前右圖　**鴉片罌粟**。埃貝爾（A. Bell）的銅版畫，《大英百科全書》(*Encyclopædia Britannica, 1797*)。

目錄

罪惡及其隱喻——讀霍奇森的《鴉片》

文／楊照

就算是情色書刊，大概都很難找到像《鴉片》這本書裡，如此多人躺在臥榻上的圖片了。

性愛，大部分在床笫間進行，不過總還要追求姿勢上的種種變化，然而講到鴉片、講到抽鴉片，卻只有固定不變的動作形象，懶散歪靠在臥鋪上，抽鴉片的人兩眼惺忪迷濛，身雖在，魂卻像是去了另一個世界。

還有其他永遠不變、不能變的鴉片印象。煙霧瀰漫是當然的，在煙霧中半隱半現的鴉片間，必定陰暗潮濕，而且其裝潢擺飾，必定是傳統中國樣式的。

在十九世紀的想像中，鴉片和中國緊密連結。雖然中國不是鴉片原產地，從來不是鴉片的重要產地，雖然中國近代史的起點，有林則徐轟轟烈烈禁鴉片、燬鴉片的事蹟，然而鴉片就是跟中國分不開了。

透過鴉片，西方人看到的、想像的中國，是個病弱懶散的國家；他們看到的、想像中的中國人，是永遠保持挺不起來的臥姿的。籠罩在鴉片煙幕裡的中國，被西方鄙視、厭惡。

不過換個方向看，鴉片在西方變成那麼重要的文化主題，有一部分正來自鴉片和中國的結合。中國賦予鴉片豐富的象徵意義，讓鴉片不只是一種藥品、一份消閒，甚至不只是一種罪惡，而成了一套象徵、一套隱喻。

鴉片是十九世紀最富象徵意義的罪惡行為，一如肺結核是十九世紀最富象徵意義的病症。

肺結核和鴉片，有著驚人的相似之處。得了肺癆的人，和吸了鴉片的人一樣，都失去了活力、失去了鬥志，失去了向外冒險進取的動能。

得了肺結核的人，需要遠離世人，遠離城市生活，到偏僻荒涼的鄉間，甚至高山上治病。抽鴉片的人，則是躲在暗無天日，看不到陽光、聽不到街市喧嚷聲響的「地下」空間裡，才能獲得充分的輕鬆與享受。

而十九世紀的歐洲，正是海洋大發現以來，帝國主義的最高峰，也是踴躍向外尋索追求的「浮士德」精神最昂揚的時代。十九世紀的西方，人們被歷史力量推著走向冒險、征服、探測，擴張的衝動不只是成就來源，還成了道德要求。安靜、退縮的生活，被視為不正常、不道德的。

最大、最不可原諒的錯誤，就是懶散與病弱。十九世紀中期以降，「社會達爾文主義」興起，有更多嚴厲指責加諸懶散與病弱了——不進取、不能在競爭中勝出的個體，註定要被淘汰，還有可能拖累社會國家民族，害別人一起在進化過程中遭到淘汰。

肺結核病和吸食鴉片，同樣使人病弱、懶散。但是，肺結核病和吸食鴉片，卻又都讓人的神經感官，變得纖細敏感，讓人感受到自我內在許多前所未有的知覺與幻覺。

肺結核和吸食鴉片，一方面是最大、最深的罪惡，另一方面卻又是那個外向時代，最難得最迷人的逃避。

從外在世界逃進一個神祕的內在世界；從令人疲憊的競爭世界，逃進一個虛懸漂浮的休息世界；從一個朗朗乾坤、人擠人的熱鬧世界，逃進一個輕聲細語、彷彿杳無人影的鬼魅世界。

肺結核病和吸食鴉片，是那個時代的集體潛意識，被壓抑著、卻不可能被取消，相反地，愈被壓抑，愈顯出其巨大的誘惑來。

尤其是鴉片。一種罪的誘惑、一種逃避的誘惑，更是一種在自己內在發現「異己」的誘惑。

英國大詩人柯立芝（Samuel Taylor Coleridge）吸食鴉片後昏昏入睡，夢中得數百行長詩〈忽必烈汗〉，夢醒急記之，寫完序章，後面詩篇已茫然不可復得了。這段文學史上的故事，幾經傳誦，在那個佛洛伊德及其潛意識理論尚未問世的時代，人們最感興趣的問題正是：到底是柯立芝還是鴉片寫了那首詩？沒有柯立芝，鴉片固然不可能自己寫詩，可是如果沒有鴉片，柯立芝大概也夢不到大汗帳幕裡去吧！

另外一位嗜用鴉片的詩人，是波特萊爾（Charles Baudelaire），他開創詩史新紀元的詩集，題名為《惡之華》。惡，罪惡、敗德、醜陋，內在卻隱藏著華麗絢爛如花的美妙性質。惡與華美，兩項世俗概念裡徹底對反的東西，互相滲透互相結合，刺激出了前所未有的感官意義。

「惡之華」，貼切描述了波特萊爾所處的巴黎，也可以挪用來貼切描述西方人的鴉片經驗。罪惡、敗德、醜陋，但同時有充滿種種華麗的聯想。

鴉片的華麗之美，一部分正來自於中國所散發的異國情調。中國這麼大，這麼古老，卻又這麼衰敗無力。衰敗無力的現實，使得中國的大，大得病態；中國的古老，古老得病態。

中國不只是表面上，樣樣與西方相異。似乎連生命本身，中國都可以和西方逆反。西方的生命是要熱熱嘈嘩地過的，中國的生命，卻可以理所當然地，在黑暗煙霧中理所當然地走向死滅。這種東方主義的想像，讓中國近代知識分子痛苦不堪，想方設法要強種強國，要擺脫「東亞病夫」的惡名。這種東方主義刻板印象，讓許多西方帝國主義者理直氣壯，摩拳擦掌，要打倒中國、滅亡中國。然而這種東方主義想像，卻也讓部分不能再忍受「浮士德」式精神張力的人，迷戀中國。迷戀中國從鴉片煙霧中浮現出的死亡頹廢。

鴉片的華麗之美，還有一部分來自吸食鴉片所牽涉的複雜儀式。鴉片不只是鴉片，意思是，鴉片不只是罌粟成分提煉出的生理效果而已。

鴉片的複雜成分，可以摻雜在很多不同東西裡。十九世紀歐美江湖郎中叫賣的「萬靈藥水」，其中主要成分就是鴉片。鴉片的確可以止咳、止痛、止瀉，好用得很。但是喝那樣的「萬靈藥水」，豈能引發任何想像？又能有多少象徵與隱喻，附麗其上？

除了治病以外，鴉片也有具體放鬆神經、舒緩精神緊張的效果。在這方面，鴉片幾乎就是百年前的「百憂解」，大有助於解決憂鬱相關病徵。可是現在吃「百憂解」的人，不可能有像當年吸鴉片的人，那麼全面而豐富的經驗。

「百憂解」藥丸，方便得很。放進口中配水服下，不過一秒鐘時間，正因為方便，於是現代人和「百憂解」之間，每天就只有「一秒鐘」的接觸關係。「百憂解」只在這一秒鐘內介入現代人的生活，一秒之後，人又回到原來的生活軌跡上，繼續過那不得不過、製造憂鬱的生活。

鴉片不然。鴉片一定要在臥榻上，等僕從將種種煙具準備妥當，揉土裝煙點燈發泡，然後才先淺吸再深吸，那舒坦慵懶的感覺湧上來，疲乏無力的身體卻帶著熱熱的汗意，因為肉體放鬆了，感官卻變得分外敏銳⋯⋯

這不見得是中國人吸食鴉片的典型實況，卻在西方人想像中建立得牢不可破。吸鴉片，意味著在那隔絕封閉的空間裡，好整以暇經歷那緩慢的儀式性過程，於是，空間的改變轉化而為時間的改變，西方式的時間，在吸食鴉片的剎那，就被異質的「中國時間」給取代了，或者應該說，踴躍向前的西方時間，就被鴉片給克服了、超越了。

芭芭拉·霍奇森在《鴉片》書中，引用了亞瑟·西蒙(Arthur Symons)的詩，詩中如是描述：

我陷溺在甜美如
香水的柔和音樂，甜蜜的金光
伴著聽得見的美妙氣味，
以永恆的壽衣包覆著我。
時光不再。我駐足但也逃離。
百萬年的歲月如夜般圍繞著我。
我汲取百萬年的喜悅。
將未來存入記憶。——〈鴉片煙客〉

如果吸鴉片真是敗德罪惡，那這種敗德多麼迷人！在鴉片中，人超越了時間，混淆了過去與未來，讓未發生甚至不會發生的事，進入記憶被封存起來；人還混淆了感官，氣味可以透過聽覺領受，那麼音樂應該也可以具體看見了！這些經驗，和鴉片的異國情調、鴉片的漫長儀式，離不了關係。事實上，進入二十世紀，鴉片沒落的原因，除了反毒者的宣傳、政府大力取締之外，還有就是現代人無法閒散地待在鴉片間裡慢慢享受鴉片，許多可供快速享用的毒品紛紛起而代之，嗎啡、古柯鹼、海洛因……。這些，都有製造幻覺的功效，卻都不再有鴉片那種繁瑣儀式帶來的華麗感官錯亂了。

鴉片當然屬於一個逝去的時代。作為十九世紀最富象徵、隱喻意義的敗德習慣，鴉片必然黏附了許多十九世紀的時代性、歷史性。

我們過去熟悉的，是「富國強兵」民族啓蒙意識下的鴉片形象。鴉片不只是腐蝕中國社會的惡毒，而且還是中國文化最愚昧最不堪一面的表現。吸鴉片的人墮落敗德、人格低下，是中國的恥辱，更是中國的罪人。

難得的是，今天我們可以透過霍奇森的圖文書，換從西方角度，重新省視鴉片。我們會看到鴉片所代表的不同文化隱喻，我們應該還能從鴉片的隱喻，看到那複雜的西方十九世紀文明面貌。

楊照：作家、書評家、廣播人、新聞人，身分多到無法界定。讀起書來什麼類型都可以消化，寫起文章來什麼題目都願意嚐試。小說、散文、評論作品三十餘部。

★右圖　在《父債子償》(*The Dividend*, 1916) 一片中，一位年輕人對鎮日忙碌而忽視他的父親感到失望，流連於鴉片館並染上毒癮。等到父親決定伸出援手時，兒子已沉溺過深，死在他的臂彎中。影片中描述深刻，歷歷如繪的寫實場景，使用眞正的鴉片煙管與煙燈做爲道具，確實符合當時對鴉片煙館的描述。本片由華特·愛德華 (Walter Edwards) 執導，嘉納·蘇利文 (C. Gardner Sullivan) 撰寫劇本，演員包括查理斯·雷 (Charles Ray)，愛索·鄔曼 (Ethel Ullman) 與威廉·湯姆遜 (William H. Thompson)。

Courtesy BFI Stills, Posters and Designs.

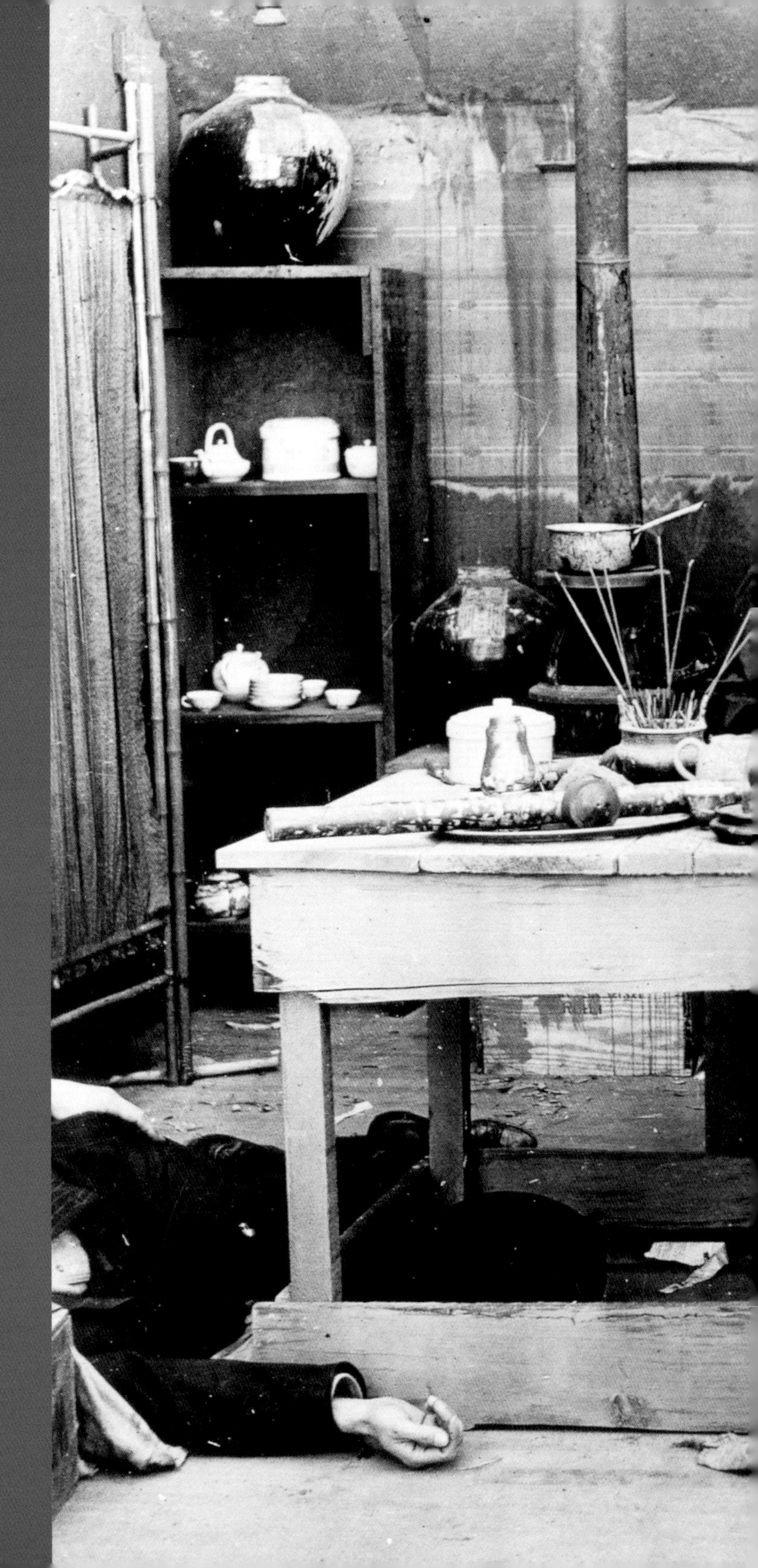

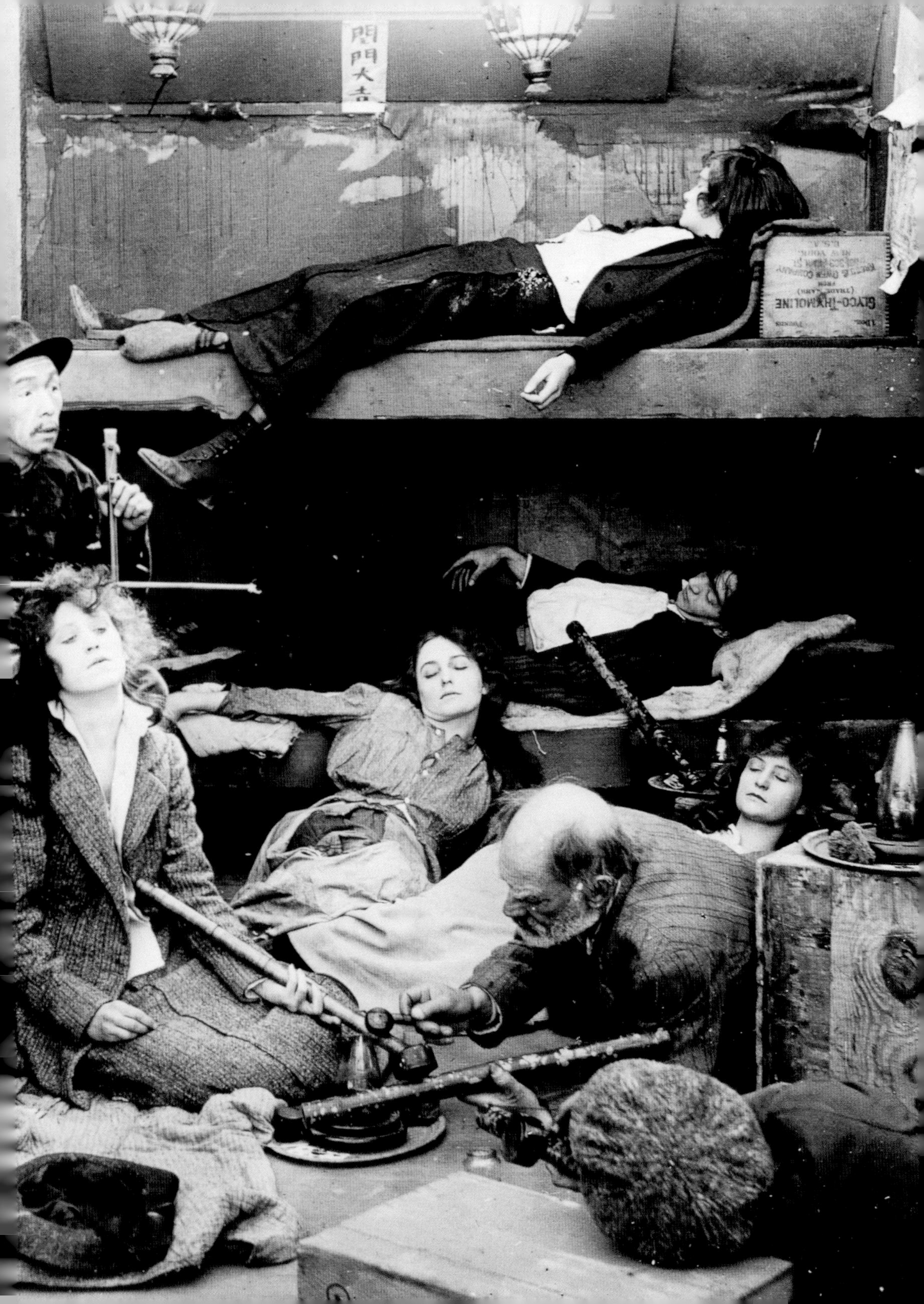
開門大吉
GLYCO-THYMOLINE

「人不能用頭腦過日子，要用鴉片看人生。」

——法國作家安德烈・馬爾侯（André Malraux, 1901-1976），《人的命運》（*Man's Fate*）。

楔子

細說從頭

Introduction

「哦，妙不可言，讓人忘掉一切的鴉片！」

——湯瑪士·德昆西（Thomas De Quincey, 1785-1859），
《一位英國鴉片吸食者的告白》（*Confessions of an English Opium-Eater*）。

☆左圖　鴉片與抽煙槍的人。坐在左邊的男人手上拿著水煙管，右邊那位則是拿旱煙管。橫臥的兩人正在抽鴉片。鴉片煙客身旁的男孩可能是隨從。香港明信片，約1890年。

鴉片：藥效恢宏，醉人魂魄，一個令說者與聽者雙雙沉醉的字眼，蘊含著慵懶、神祕，以及邪惡之美的詞藻。或許只有心馳神醉的鴉片煙客，迷失在禁忌樂園中的景象，方能確切掌握這個字眼給人的眞實感覺。除了鴉片之外，他們所求不多：一個可以躺臥的地方，以及同好的彼此慰藉。他們在迷濛煙霧的幻影中迷失方向，緊守著鴉片煙管，把日常生活中的勞苦愁煩拋諸腦後；他們視鴉片爲忠實的朋友、一生的伴侶。不過，這種耽溺於享樂的景象已經自歷史中消失。儘管在一些偏遠地區仍有吸鴉片煙的行爲，但是這種在十九世紀讓政府與人民驚懼將近一世紀的流行風潮（有些人甚至稱爲傳染病），已不復存在。

☆左下圖　**鴉片煙客。**

義大利教科書中的石版畫，《世界民俗傳統》（*I Popoli del Mondo: Usi e Costumi*），約1910年。

☆右圖　**艾爾櫻桃糖漿**（Ayer's Cherry Pectoral）**商標卡。**

抽鴉片煙只是鴉片成癮的問題之一，另一個更普遍的問題在於強效藥物的買賣。從十九世紀中葉至1910年左右，數以千計的英美嬰兒從小就服用摻有鴉片的糖漿，目的在防止嬰兒斷奶、長牙或飢餓時哭泣。鴉片也用於治療霍亂、痢疾、瘧疾、支氣管炎、耳痛、尿床、痲疹、晨吐與痔瘡。還有咳嗽糖漿，例如艾爾櫻桃糖漿，通常都含有鴉片成分，到目前爲止，鴉片仍是最有效的止咳劑。製藥公司與藥劑師提供的商標卡至今仍是非常受歡迎的收藏品。

由於主要的成分是嗎啡，鴉片可能是用途最廣的藥物之一，它能抑制疼痛、產生快感、幫助睡眠與減輕悲痛。在人類使用鴉片的漫長歷史中，人們為了尋求愉快幸福的感覺，以各種想像得到的方式，將鴉片與其衍生物注入體內，除了抽吸煙霧之外，還拿來飲用、服食、嗅聞、搓擦與注射。

鴉片煙客（opium smoker）用專門的煙管吸入這種藥物的煙霧，而所謂的「鴉片吸食者」（opium-eater）則是飲用鴉片，通常是鴉片與酒精混合製成的鴉片酊；眞正吃鴉片的人則是吃一種小丸，通常是和能隱藏苦味的物質一起食用。

在十九世紀，鴉片是許多專利藥物的主要成分，用於安撫哭泣的寶寶，平息緊張的情緒，以及重建數百萬人的健康表象。

「一點點小毛病就要吃鴉片的人，會扛八十噸重的槍打野兔。」

——《家庭醫師》（*The Family Physician*, c. 1900, p.158）。

著名的《一位英國鴉片吸食者的告白》（*Confessions of an English Opium-Eater*, 1821）作者湯瑪士・德昆西（Thomas De Quincey）評論說，鴉片不像酒只能提供「火花般短暫的」愉悅，它能發出「持續而穩定的光芒！」在那個年代，鴉片被稱爲「興奮劑」，而且當時的詞意是指可以讓人產生愉悅感的物質，而不是今日我們認知的興奮狀態。路易斯・列文（Louis Lewin）在一九三一年的著作《迷幻藥》（*Phantastica*）中，正確地辨識出鴉片劑是一種能鎮定精神活動的藥，並且將它們歸類爲「欣快劑」。今天，鴉片被視爲能讓感官遲鈍的「麻醉藥」。

無論是以什麼方式，經常服用任何形式的鴉片都有可能踏入難以逃脫的死亡陷阱。由於鴉片是最容易上癮又最損人健康的物質，因此有鴉片癮的人——依賴鴉片或上癮的人——就被稱爲奴隸、鴉片鬼與幽靈。

抽鴉片是在一八五〇年代由歐洲旅客、水手和中國移民，從中國引進西方的習慣。歐洲具有藝術氣息的人士與北美洲的墮落世代，很難抗拒這種來自東方的頹廢誘惑。吸食鴉片的族群大致分爲兩類，第一類是作家、藝術家，以及有閒有錢可以任意虛擲的人；另一類是一無所有，只有壞習慣的水手、妓女和遊民，鴉片就這麼進入了社會的邊緣階層。

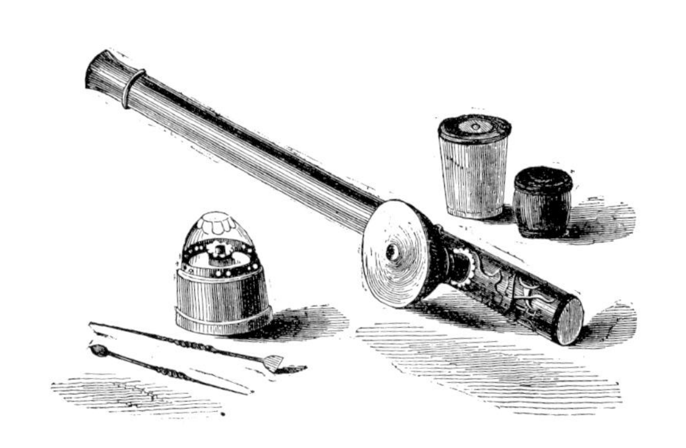

☆左圖　**鴉片用具組，包括煙槍、煙燈、錫罐、抹具與針。**
羅伯特・福鈞（Robert Fortune, 1812-1880）的《中國北方三年漫遊》（*Three Years' Wanderings in the Northern Provinces of China*, 1847, p.244），此人曾三度造訪台灣。

☆右圖　**抽鴉片煙的中國人。「這些奴性十足、受過良好訓練的野蠻人周遭，總有一股類似奴才的卑微氣息。他們經常懶散地橫臥在躺椅上……，即使沉醉在鴉片帶來的感官享受中，也不會流露一絲感情。」**
《世界畫報》（*L'Univers illustré*），1859年10月13日，第364頁。

CHINOIS FUMANT L'OPIUM. — Page 363.

「抽鴉片就像一個斜面，冒險往下滑的人肯定會一路到底。」

——佚名，《中國采風》（*Points and Pickings of Information about China and the Chinese*, 1844, p.60）。

光是鴉片似乎還嫌不足，大約同時，古柯鹼、乙醚、印度大麻、氯仿與苦艾也頗受歡迎。事實上，服用各種形式的毒品一直是合法的行爲——直到二十世紀初，世界各國才開始了解它們對健康與生產力所造成的破壞。當時不時可見針對使用毒品的危險所提出的警告，許多國家也立法禁止毒品跨越國界，不過主要目的是爲了課徵賦稅及保護藥商。

Dans les petites maisons basses des faubourgs du Pirée on fume le haschisch, l'herbe magique à donner des rêves.

HASCHISCH

PAR FRANCIS CARCO

Le port du Pirée qui abritait autrefois les élégantes trirèmes du temps de Thémistocle, ne reçoit plus aujourd'hui que de prosaïques cargos

其他毒品 苦艾、乙醚與印度大麻

法國小說家莫泊桑（Guy de Maupassant, 1850-1893）吸食乙醚，而不少法國作家，包括高提耶（Théophile Gautier, 1811-1872）與大仲馬（Alexandre Dumas, 1803-1888）都曾嘗試過印度大麻。法國詩人魏爾倫（Paul-Marie Verlaine, 1844-1896）與英國作家王爾德（Oscar Wilde, 1854-1900）則常喝苦艾酒。1860年，《倫敦畫報》（*Illustrated London News*）將苦艾稱為「法國的鴉片」，並表示它已深入社會各階層。

☆左圖 〈印度大麻〉：法蘭西斯・卡爾科（Francis Carco, 1886-1958）爲法國八卦報《瞧！》（*Voila*）撰文。

印度大麻與鴉片都屬於外來毒品。卡爾科於1935年5月4日專程造訪希臘皮里亞斯港的印度大麻館。

☆上圖　馬里亞尼酒（Mariani Wine）。一種很受人歡迎的酒。原產自法國，《倫敦畫報》上經常出現它的廣告。廣告上聲稱，人們喜歡這種摻了古柯鹼的奎寧酒，包括教皇利歐十三（Pope Leo XIII, 1878-1903, 即廣告中人）與法國女伶貝恩哈特（Sarah Bernhardt），約1898年。

小說家與詩人將各種型態的鴉片昇華成繆思，認爲它可以使人從煩悶平常的思維與文字中解脫出來。才華洋溢的作家能自壓抑中解放，而過氣無趣的作家至少有了新的寫作題材。旅行家將親身經歷的鴉片體驗收納到遊記之中，爲原本就充滿魅力的冒險故事增添更多的趣味與危險。

回顧生氣蓬勃的十九世紀，無論是工業、藝術、文學、科學、醫藥或探險，全都以極爲快速的腳步向前邁進；很難看出當時對酒精飲料、麻醉藥與迷幻劑的沉迷，對這些進展所造成的影響。冒險精神與好奇心態解放了十九世紀的人類心靈，讓他們勇敢嘗試所未知的事物，進而促成藝術與文學上的卓越成就。

電影界也搭上毒品的風潮，拍出《漂流船》（*The Derelict*, 1914）、《父債子償》、《殘花淚》（*Broken Blossoms*, 1919）、《人生》(*Bits of Life*, 1921)與《人性餘暉》（*Human Wreckage*, 1924）等作品。好萊塢流行拍攝這種帶有異國情調、「味道不佳」的毒品所造成的邪惡影響，或是沒有操守、施用嗎啡的醫藥專家，因爲他們知道這是能在票房撈上一筆的好題材。

即使是反鴉片的改革運動者也深陷在這種毒品的異國圈套中，以誘惑與白人奴隸（white slavery）的卑劣故事做爲訴求，強調肯定會挑動人心和激化運動的情節。於是在偵探小說與眞實的犯罪報導中，鴉片走私與吸毒便成爲最受歡迎的主題。這些作品大部分反應出當時的偏見與固執。

毒品的歷史錯綜複雜，相關文獻的記載相當多，也很引人入勝。英國小說家盧德亞・吉卜林（Rudyard Kipling, 1865-1936）在造訪舊金山華埠之後，表示他看到的建築物都蓋得「像冰山一樣，有三分之二是在視線以下。」我發現的鴉片世界正是如此：一個豐饒華麗、極端複雜且四處滲透的世界，本書呈現的不過是冰山一角。

本書主要著重於豐富的影像畫面和文學作品，不管它們是讚揚或譴責這種舉世聞名的毒品藥物，同時也著重於描寫嘗試掌握鴉片誘惑本質的作家、藝術家與攝影師。無論是描述加州唐人街的氛圍，鴉片對人體產生的效應，或這種異國物質帶來的愉悅，從十九世紀到二十世紀初創造的文字與照片，都反映出鴉片在所有藥物中的尊貴地位。

特別是書中蒐羅的照片，讀者將可透過它們窺知非常私密的個人歷史，即便有些顯然是經過刻意的凸顯。儘管鴉片浪費的光陰、耗磨的精力與健康令人震驚，但是在人們的內心深處，還是有一點點羨慕鴉片煙客能夠無所事事地縱情歡愉。最重要的是，我們覬覦他們的鴉片夢。

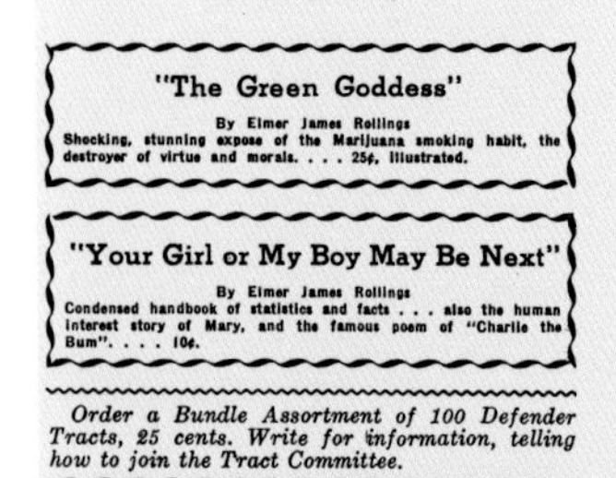
zens everywhere and, certainly every Christian, should enlist in the war to stamp out this evil.

Arm yourself with facts; distribute the tracts and books announced below; sponsor lectures and discussion meetings — shoulder your responsibility!

Knowledge will be the strongest factor in America's crusade against the Silent Horror!

* * *

"The Green Goddess"
By Elmer James Rollings
Shocking, stunning expose of the Marijuana smoking habit, the destroyer of virtue and morals. . . . 25¢. Illustrated.

"Your Girl or My Boy May Be Next"
By Elmer James Rollings
Condensed handbook of statistics and facts . . . also the human interest story of Mary, and the famous poem of "Charlie the Bum". . . . 10¢.

Order a Bundle Assortment of 100 Defender Tracts, 25 cents. Write for information, telling how to join the Tract Committee.

DEFENDERS TRACT COMMITTEE
Wichita, Kansas
(Printed in the U. S.)

The Peril of The Poppy

By Elmer James Rollings

ONE of the major evils in the United States to which parents, educators, preachers and public officials need to be awakened, is the insidious, sinister peril of the Poppy.

The degenerate family of the White Poppy — Opium, Morphine, Heroin, Codeine, Paragoric, Laudanum, etc. — have a legitimate use for medicinal purposes, but when used illegitimately, they become the greatest curse upon mankind.

We have not mentioned Cocaine, an extensively used habit-forming drug, which is from another family, nor will space in this tract allow us to deal with that trump card of the Devil, the deadly, damning, destroying Marijuana Cigarette, which is being smoked by a million boys and girls in our Country.

Morphine, a derivative of Opium, is the member of the Poppy family most commonly used. The use of Opium itself is not so prevalent, however, because of the fact that it requires an elaborate and expensive smoking outfit, and a secluded room where windows and doors can be

☆左圖 衛道人士把重點目標放在年輕人的毒品問題上，在大眾之間傳播令人恐懼的訊息。他們利用許多管道散播這些訊息，包括新聞影片、雜誌與簡冊（約1920年）。在後來的數十年中，「性偏執狂」成為他們的宣傳重點。

☆右圖 在戴利（Carroll John Daly）的冒險故事〈另一具屍體〉（Just Another Stiff）中，雷斯・威廉斯（Race Williams）遭遇毒品、走私犯以及一位名叫「激情」的女人。「麻醉藥！如大川江流般淹沒了整個國家！」

《一角偵探雜誌》（*Dime Detective Magazine*），1936年4月。

COMPLETE

10¢ DIME

DETECTIVE

MAGAZINE

CARROLL JOHN DALY'S
RACE WILLIAMS!

FREDERICK NEBEL'S
CARDIGAN!

FRED MacISAAC'S
THE RAMBLER

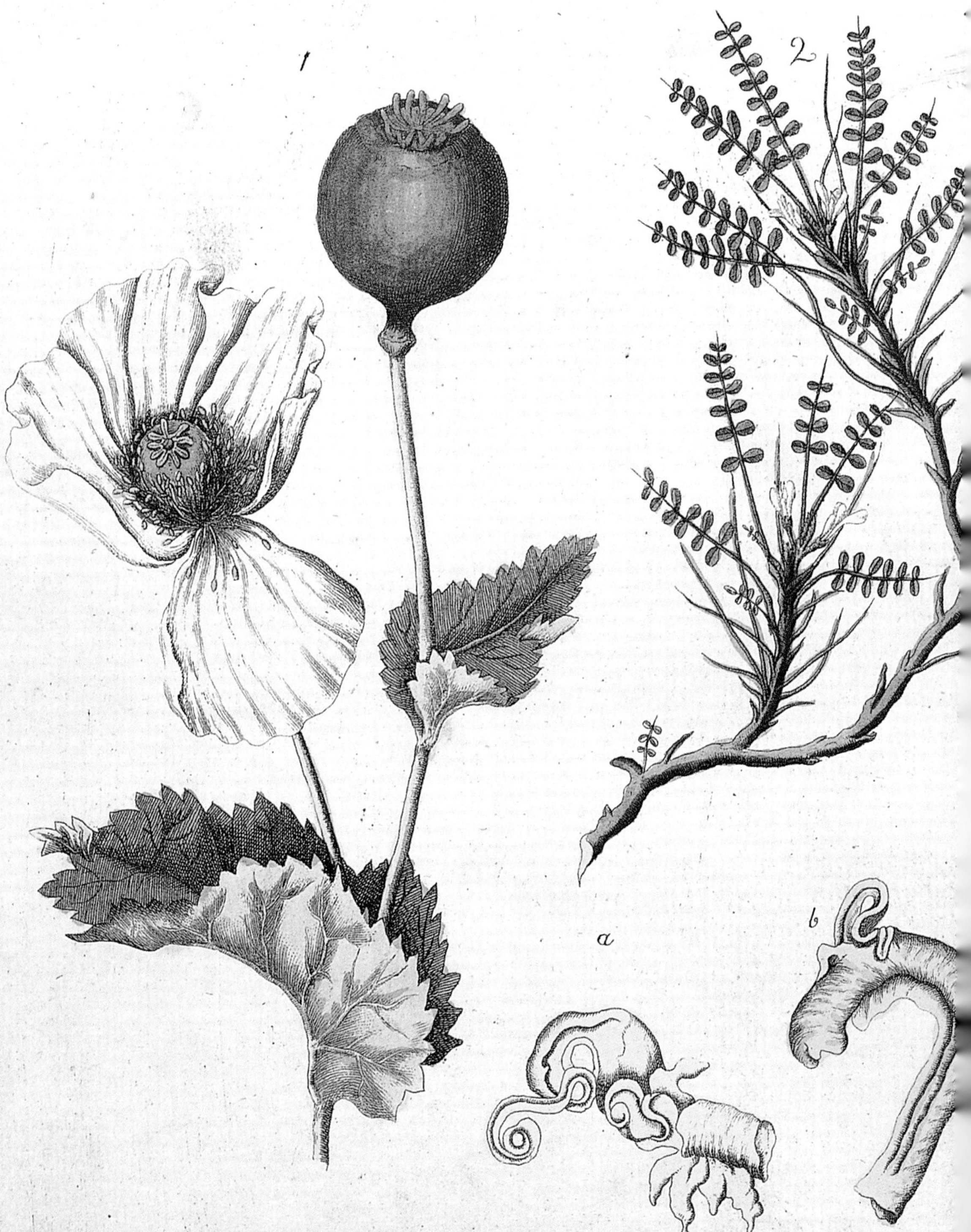

1

2

a

b

chapter

罌粟誘惑

The Drowsy Poppy

「何處可以尋覓鴉片？它是我的生命，以愉悅幻覺令我沉醉其中的神奇鴉片，以強大力量支撐著我的鴉片。」

——法國作家克勞德．法瑞（Claude Farrere, 1867-1957），《寂靜之外》（*Hors du silence*）。

☆左圖　鴉片罌粟。左側的植物是鴉片罌粟，右側是黃蓍（tragacanth）可供藥劑師取得醫藥用膠。「提供我們鴉片的普通白花罌粟經常在德國種植，但只有在土耳其、埃及與敘利亞所種植的罌粟，能以樹液提供鴉片。」《育兒百科》（*Porte-feuille des enfants*）第一卷九十九號的手繪銅版畫，費德瑞（Charles Frédéric）作，1795年。

鴉片罌粟，一種令人慵懶倦睡的罌粟，也是莎翁名劇《奧賽羅》（*Othello*）中「催人入眠的糖漿」（drowsy syrup）的來源。也只有這種美麗的花朵，才能回答法瑞的絕望問題，引他找到心目中的珍貴鴉片。

罌粟的種類將近百種，但唯有鴉片罌粟提供的鴉片產量，才足以使它自古就在歐洲、中東、印度與中國的藥物使用上扮演重要的角色。

☆下圖　**鴉片罌粟。**
《家庭醫師》，約1900年。

鴉片罌粟是一年生植物，有許多不同的品種，可按花瓣與種子顏色、花瓣數目加以區分。它們通常長至三、四呎高，莖為實心圓柱，根粗大且末端漸細。花蕾低垂，但開花時整棵植物向上挺立。鴉片罌粟的花朵通常為白色或紫色，由四片巨大皺褶的花瓣構成，果實為球狀蒴果，以紙狀膈膜部分隔開，內含淺黃色的種子。鴉片的功效取決於生長環境。

鴉片（opium）源自希臘文 ο π ο σ 或opos（汁液之意），以及 ο π ι ο ν 或opion（指罌粟汁液），罌粟植物本身則可能源自地中海地區。古希臘人稱鴉片罌粟植物為 μ α κ ω ν 或mekon。伯羅奔尼撒人的錫其安鎮（Sikyon）舊稱Mekone，即罌粟鎮。

罌粟之歌

噢，罌粟的蓓蕾，在金黄的天空中
搖曳著乘滿喜悅的沉重香爐，
給予我絕望的解藥；

噢，深紅的罌粟花，噢，金黄的枯萎花朵，
噢，令人無憂沉醉的罌粟花，
讓我的白晝一如黑夜。

讓我躺臥在你的沉睡之鄉，
吞吐你濃郁的香氣，
我的靈魂將能長眠。

那麼我是否該躺在斗室。
當世上可憐的暴君一一逝去，
我悠然隱身你柔軟的庇蔭，
在那遼闊無雲的天空下。

——帕克．巴涅茲（Park Barnitz, 1877-1902），《玉之書》（*The Book of Jade*）。

人類使用鴉片的歷史太早，已不可考。然而在地中海、中東、小亞細亞與西歐地區，它們被當做多用途植物使用和交易，作爲食物、動物飼料、油與燃料的來源，無疑已有數千年之久。至於人們是在多早以前確認它的麻醉或藥用特性，就更不可考了。熱中的說法向來斷言這種植物早在西元前三千年，就已在儀式與醫療上扮演重要的角色，但是學界在重新評估從亞述、邁錫尼與埃及的史前與早期歷史遺址出土的圖文證據後，證明這些結論可能失之草率。

早期提到罌粟，大多是因爲這種植物是多產的象徵，而非它的醫藥用途。《古代鴉片罌粟之旅》（*On the Trail of the Ancient Opium Poppy*）的作者馬克．大衛．梅林（Mark David Merlin）在引述一份報告時指出，分類學家林奈（Linnaeus）曾計算過一個罌粟蒴果內的種子數目。最後得出的總計是三萬二千顆，這個數字可能有些高估，不過的確顯示出罌粟驚人的多產能力。

罌粟藥品

效果比鴉片差的罌粟藥物包括Meconium（源自希臘文mekon）與Diacodium，這兩種藥是以煎煮罌粟花冠和罌粟葉製成。其他像解毒舐劑（Theriac）與萬應解毒劑（Mithridate）等藥物則是由多達七十種成分調製而成，其中通常包括鴉片。這兩種藥早在西元前一世紀即已問世，毀譽不一。解毒舐劑在英美有「威尼斯糖漿」（Venice Treacle）之稱，一直使用至十九世紀。

古羅馬詩人奧維德（Ovid, 43 B.C.-C. 17 A.D.）寫過一首詩〈仕女化妝品〉（Cosmetics for Ladies），內容將罌粟描述爲美容用品，不過他並未指明其特性：

「我看到女孩將罌粟浸入冷水，
在柔嫩的臉頰上撲打塗抹。」

☆左底圖　罌粟：「華麗沉重的罌粟花分泌出能讓人沉睡與做夢的汁液，但它也比最致命的瘟疫造成更多死亡。」《讀書雜誌》（*Lectures pour tous*, 1899, p. 504）。

有關鴉片在歷史上的使用爭議，包括荷馬《奧德賽》（*Odyssey*）中的一段描述。爲了幫助朋友忘卻奧德賽的失蹤，特洛伊的海倫在酒中下忘憂藥。「這種藥能夠消除憂傷與憤怒的創痛，驅走所有痛苦的記憶。」忘憂藥可能是鴉片、大麻或一些藥物的混合物。西元一世紀的醫師迪奧斯克里德斯（Dioscorides）推測，它是由鴉片與天仙子（henbane）[1]等成分構成的混合物。

然而，到了迪奧斯克里德斯的時代，將鴉片當成安眠藥的做法顯然已眾所皆知，奧維德也在《名單》（*Fasti*）一詩中提及鴉片：「她額上靜靜戴著鴉片花環／夜幕低垂，長曳的裙襬帶來幽暗的夢。」另外一位羅馬詩人魏吉爾（Virgil，70-19BC）則在《伊尼亞德》（*The Aeneid*）中寫道：「緊守著聖樹的龍／緩慢地滴落著蜂蜜與令人昏睡的鴉片。」

$C_{17}H_{19}O_3N$

☆底圖　嗎啡的分子式（上圖）：碳、氫、氧與氮。嗎啡生物鹼（上方底圖）與嗎啡化學合成物海洛因（下方底圖）的化學結構。
鴉片中還可以發現生物鹼可待因、罌粟鹼、那可丁、那碎因與蒂巴因。其他當做藥物使用的天然生物鹼包括顛茄（belladonna）的阿托品、古柯葉的古柯鹼、南美仙人掌的南美仙人掌毒鹼，以及菸草的尼古

鴉片的神奇魔力主要來自它的有效成分——嗎啡。嗎啡是一種生物鹼，生物鹼是一種有機化合物，其中含有許多具有毒性、刺激性或止痛效果。德國化學家菲德烈克．威廉．賽特納（Friedrich Wilhelm Serturner）在一八〇五年分離出嗎啡並發表結果，將此物質描述爲催睡要素（Principium Somniferum），即製造睡眠的要素，並根據睡夢之神摩菲斯之名，將它命名爲嗎啡（Morphium）。鴉片內含的其他三十多種生物鹼中，以可待因（codeine）最爲重要。

註1：天仙子（Hyoscyamus niger），一種惡名昭彰其來有自的強效止痛劑：帶有劇毒。

嗎啡的成分精粹，藥效強大，跟天然鴉片[2]不同。一八五三年當亞歷山大·伍德（Alexander Wood）醫師發明實用的皮下注射器，嗎啡隨即成爲重要的藥物。雖然嗎啡可以口服，但是實驗家發現以皮下注射，療效更爲迅速。

鴉片、嗎啡與海洛因做爲麻醉藥時，能止痛、鬆弛痙攣、解熱與促進睡眠。嗎啡做爲止痛藥時，能阻止疼痛的訊號傳到大腦，產生愉悅感並隔絕焦慮與緊張。

它同時能止咳、抑制胃液流量、減緩呼吸，以及使皮膚的血管擴張。這些全都是醫學上的珍貴特性，雖然不能治療特定的疾病或創傷，但是能減輕症狀。不過若是用量不當，反而可能造成傷害，甚至致命。

海洛因是以嗎啡爲原料，簡單變化構造後提煉出來的半合成物質，一八七〇年代首度製造出海洛因，但被束之高閣，一直到一八九八年才由德國拜耳（Bayer）公司的化學家亨利奇·卓士勒（Heinrich Dreser）再度發現。海洛因剛上市時是用來治療肺結核、喉炎與咳嗽。諷刺的是，它也被誇稱具有治療嗎啡癮的潛在療效。

種植罌粟、收成汁液，並將汁液提煉成生鴉片的過程漫長而複雜。儘管各個地區在特定做法上稍有不同，但無論在印度、土耳其、中東或中國，鴉片製程基本上大致相同，即使經過機械化的時代演進，數世紀以來也甚少改變。直到今日，人們仍持續種植著罌粟，鴉片也在持續收成中，不過本書以印度爲例所做的描述，全部使用過去式的語法，因爲其中許多關於交易與數量的細節已不復存在。

富饒的罌粟田

1883年時，印度光是比哈爾與貝那拉斯就有876,454英畝的田地種植罌粟，它們大多位於肥沃的恆河平原。種植罌粟的農夫必須以固定價格（大約為政府公賣價格的三成）將作物賣給政府。

☆右圖　東南亞的中國鴉片煙客。右側那人的消瘦模樣可能不是鴉片煙癮造成的，但他營養不良的外貌符合十九世紀造訪中國鴉片館的旅行家之描述。約1930年。

註2：天然鴉片的嗎啡成分從3%到20%不等，視種植與處理的方式而定。

「在睡夢中的鴉片煙客彷彿死屍，形容枯槁似鬼魂。
阿芙蓉癖使他們家破人亡，千金散盡……，耗盡身體血肉，直到皮包骨。
只見身上骨頭歷歷清晰可數。煙客在典當所有家產之後，
還會典當老婆、賣掉女兒。」

——約翰・湯姆生（John Thomson），《中國斯土斯民》（*The Land and the People of China*, 1876, p.147）。

在印度，鴉片製造集中於貝那拉斯（Benares）與比哈爾（Behar）的恆河地區，以及更西邊的馬爾瓦省（Malwa）。罌粟在十一月播種，在長達三個月的生長期間，需要密集灌溉。在花瓣掉落，蒴果膨脹之後，即可收成。

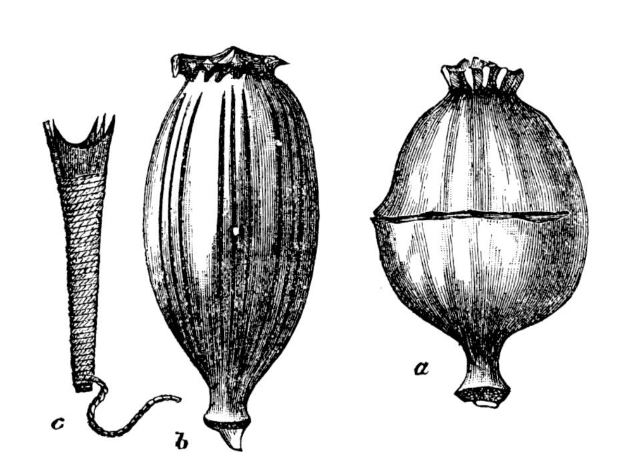

☆上圖　切刀（圖c），經印度收割工人垂直切割後的罌粟莢（圖b），以及另一顆在土耳其以水平方式切開的罌粟莢（圖a）。以刮刀（seetoah）將流出的汁液刮掉。單一罌粟的鴉片可以在數天的期間多次收成。《大英百科全書》(1884, p.812)。

首先，工人將所有殘餘的罌粟花瓣摘掉，放到一邊。日出時，收割工人用有三到四片刀刃的切刀（nushtur）小心地垂直切下罌粟莢，但不能切到蒴果。隔天早晨，再收集滲出的汁液，等它們全都流乾並風乾約一個月後，再送到政府工廠，檢驗水分含量與純度，準備銷售。

加茲布林（Ghazipur）是貝那拉斯的鴉片之都，英國作家盧德亞．吉卜林對當地工廠的官僚制度感到震驚。「這地方完全沒有制度，」他諷刺地說，然後加上一句，「在加茲布林，大家彼此完全不信任，總是不停地在秤重、量測與分析。」

乾燥後的鴉片按等級分類，然後扔到桶內，由工人揉捏成形。內銷的鴉片被塑成塊狀並以油紙包裝；外銷的鴉片則滾成小球，先在碗裡鋪一層先前收集的花瓣，再把小球壓到碗裡。然後再用「列瓦」（lewa）覆蓋這些球，把它們黏起來，所謂的「列瓦」即是蒴果排出的液體。在把小球從碗中取出時，要用「罌粟屑」（也就是罌粟葉、蒴果與莖磨成的粉末）覆蓋，在裝箱前儲存於乾燥的地方。每箱大約可裝入四十球。

鴉片在十月進行拍賣，大約是播種後一年左右。吉卜林聽說在季節產量達到高峰時，加茲布林眾多龐大的倉庫裡，會儲存價值約三百五十萬英鎊的鴉片。

由於鴉片是按照重量銷售，因此買家必須防範被摻入類似沙、鉛、泥、糖、蜜與牛糞之類的物質。歷史學家衛三畏（S. Wells Williams）在一八九九年寫道，純鴉片在切割時不會在刀刃邊上留下碎片；在平坦表面灑上一層薄薄的鴉片時，它們會顯得透明，呈現「膽石黃」的顏色與顆粒狀的紋理；大量鴉片會有黏性，「如草莓果醬般顫動」。

單單在印度，即使不考慮通貨膨脹，每年鴉片銷售所貢獻的歲入都令人咋舌。一八四○年，鴉片營收爲七十五萬英鎊，到了一八七八年，則暴增至九百一十萬英鎊——三十九年間的總營收爲三億七千五百萬英鎊。另一方面，一八七六年及一八七七年的相關費用只有區區二百八十四萬一千六百四十七英鎊而已。

☆下圖 印度苦力前往罌粟田。納克斯（Knox）在法蘭克與佛列德的世界探險之後，1881年推出《納克斯少年旅行家》（*Knox's Boy Traveller's*）。他們在十一月抵達恆河地區，時值播種罌粟的季節。第351頁。

鴉片生意

與鴉片有關的工人與官員數量，加茲布林與巴特那(Patna)這類的城市在收成與製造期間如蜂巢般忙碌。吉卜林在他的書《從海到海》(*From Sea to Sea*, 1910)中表示，單單在加茲布林就雇用了約250名工人。官方宣稱每位工人四分鐘就可以製造一塊鴉片磚。

☆右圖 印度支那的鴉片貿易：關於巴特那鴉片工廠的紀錄。這三張圖取材自一套六張的圖片，它們驚人地呈現出印度鴉片製造業的規模。右頁：〈風乾室〉；左頁上圖：〈鴉片球室〉；左頁下圖：〈儲藏室〉。

華特·舍威爾(Walter S. Sherwill)中校畫作的版畫，《平面藝術》(The Graphic)，1882年6月24日，第640頁。

在一九〇九年，好奇的旅行家可以參考《莫瑞之印度、緬甸與錫蘭指南》（*Murray's Handbook to India, Burma & Ceylon*），了解有關鴉片種植與出口的資訊，或是造訪沙拉法（Sharafa）街放款業者附近，豪迪市集（Haldi Bazaar）的印度鴉片市場。不過莫瑞的指南並未告訴旅客要到哪裡抽鴉片煙。

印度並未壟斷鴉片生產，卻是中國鴉片煙的主要來源。土耳其、波斯（伊朗）、中國、希臘、保加利亞、南斯拉夫與埃及也都生產鴉片。至於製造鴉片酊與多佛藥粉（Dover's Powder, 譯註：含有吐根與鴉片成分的藥粉，用於止痛與促進排汗這類藥品的製造），通常英國人會購買土耳其鴉片，因為品質可靠且嗎啡含量高達10%到13%。

每個地區包裝鴉片的方式皆不同：土耳其生產小塊狀鴉片，稱為「罌粟葉包裝」（Constantinople pats），波斯製造六英寸長、形似香的圓柱鴉片，稱為「Trebizond」，中國則提供白紙包裝的扁平鴉片磚，稱為「雲南」（Yunnan）。

☆左圖　加爾各答胡格利河畔。

一箱箱包裝好的鴉片被運去拍賣——巴特那與加茲布林的鴉片送往加爾各答，而馬爾瓦的鴉片則送往孟買，在這些地方，購買鴉片唯一的限制就是投標人的荷包。買下後，就將鴉片從這類港口運往目的地。

明信片，約1911年。

☆右圖　鴉片商人。

這幅木版畫取材自《納克斯少年旅行家》（1881, p. 353），書上有關於如何種植罌粟的詳細描述，還對英國人在交易上扮演的角色嚴加批判。

買家根據下列原則來選購生鴉片：「質地緊密適中，能夠用手指產生壓痕；置於燈光下呈暗黃色，但量大時則接近黑色，味道濃郁且不含雜質。」

——〈廣州進出口商品〉，《中國叢報》（*The Chinese Repository*, 1834, p.467）

土耳其人稱鴉片爲「afion」或「afyun」(阿拉伯文),向來以鴉片消費的惡習而惡名昭彰。《憂鬱的剖析》(*Anatomy of Melancholy*, 1621)的作者羅伯特·波頓(Robert Burton)曾引述旅行家賈西亞·賀圖(Garcias ab Horto)的文章,他表示有些土耳其人會用鴉片「幫助消化和獲得愉悅」。《藥材史》(*A Compleat History of Druggs*, 1694)的作者皮瑞·波麥(Pierre Pomet)則宣稱,土耳其士兵在作戰前,會「服用過量鴉片,以激勵他們或至少讓他們不畏危險。」經驗豐富的義大利旅行家艾德蒙多·狄·亞米契斯(Edmondo de Amicis)則在《君士坦丁堡》(*Constantinople*, 1896)寫道,對土耳其人而言,咖啡、鴉片、紅酒與菸草是「快樂之床」。

☆左圖　土耳其士兵。
歐洲作家樂於散播土耳其士兵在鴉片影響下,產生威力與勇氣等毫無根據的煽動說法。
亞米契斯的《君士坦丁堡》,第189頁。根據吉爾伯(W.H. Gilbo)攝影作品照相印刷。

☆上方底圖　Afion (afyun),**鴉片,阿拉伯文。**

☆上圖　毒品市集。
《倫敦畫報》稱此市場為君士坦丁堡裡眾多市場的最佳寫照。1853年10月15日，第321頁。

法國作家高提耶在他的書《君士坦丁堡》（*Constantinople*, 1857）中，描述土耳其迷人的市集：

在那裡有指甲花、白檀、銻、粉狀染料、棗、肉桂、安息香膠（用於香水的樹脂）、阿月渾子樹、琥珀、乳香、薑、肉荳蔻、鴉片、印度大麻，全都放在打開的袋子裡，面無表情的商人盤腿坐在旁邊守著，彷彿因著空氣中瀰漫的香氣而變得麻木。

無論罌粟長在何處，或儘管它們在種植、收成與生產上需要密集的勞力，企業家總能嗅出其中潛在的暴利，特別是在人力便宜的國家。這種勞力剝削創造出一種利用人性弱點與貪念來獲取成功、高利潤但不道德的行業。

鴉片煙

來自印度，以生鴉片製成的加茲布林鴉片球與巴特那鴉片磚，被運到亞洲各地的加工設施，製成「鴉片煙」(chandu)。在新加坡、爪哇與印度支那，這些加工設施為政府授權的專賣事業，它們被稱為「鴉片農場」，但這名稱顯然容易造成誤導。在經過複雜辛苦的製程後，生鴉片達到理想的稠度，植物的雜質、苦澀油類與樹脂已被除去。

工人將鴉片球剖成兩半，挖出其中的膠狀物質。然後將外殼加以烹煮，再重複用紙過濾，萃取出所有的鴉片。這些萃取出來的鴉片再混合先前從殼內取出的膠狀物質。

☆左圖 準備供吸食的鴉片。上圖：打破鴉片球；下圖：捏鴉片膏。

接下來，將生鴉片加熱提煉，使其達到糖蜜般的稠度。然後，以一系列重複的步驟，將它烹煮、打散、再烹煮，一直反覆直到濃稠合度。

工人將這種膏狀物質置入碗中，揉捏後再平鋪至淺盤裡，均勻加熱，不斷翻面，直接受熱，直到顏色適當並再次達到需要的稠度。最後製成的平磚堆疊在水桶中，加熱煮到溶解。然後將此液體過濾，以火燒乾，打成蛋白狀，再加入可以促進發酵的微生物。記者佛南度·宏那瑞（Fernand Honoré）寫道，它有一種「非常細膩的香味，但是卻很難明確地描述……，（它會讓人想起）熟透的石榴，然後緊跟著是收成期間的罌粟子氣味」。

最後製成的鴉片煙在包裝好後，行銷亞洲。

☆ 上圖：提煉生鴉片。下圖：工人被搜身，檢查是否攜帶違禁品。照片中的人是在印度支那鴉片「農場」裡工作的中國勞工。

宏那瑞所謂的「印度支那鴉片」，《畫報雜誌》（*L'Illustration*, 1896, pp. 174-75）。

CHINA
BY W. HUGHES
Towns of the 1st Class (foo) are written thus Hiu-yang
d° 2nd d° (choo) d° Loun-gan
d° 3rd d° (hien) and all others are of smaller size, as Ta-hoo
The Coast-line is copied from the Charts recently published at the Admiralty, London; the Isl. Chusan from a survey executed by the British Officers in 1841, & supplied by the kindness of Captain Beaufort R.N. — The other parts are chiefly from the Jesuits' great Map.
The five ports opened to commerce by the Treaty of this year (1842) are Canton, Amoy, Fuh-chow, Ning-po, and Shang-hae, or Ching-hae, (in Kiang-su province)
English Miles 69 = One Degree
Geographical Miles 60 = One Degree
W. Hughes
The Great Wall
PEKIN
Gulf of Pe-che-lee
G. of Leaotong
LEAOTONG
COREA
YELLOW SEA
Hoang-ho, or Yellow River
Yang-tsze-kiang
NANKIN
Imperial Canal
Hong-tsee
Amoy
Hong-kong
On the same scale as Chusan
Chusan
Ting-hae
English Miles
CANTON
Canton River
Macao
Hainan
Fuh-choo
Ning-po
Chu-san I.
Formosa
Pescadores
Kuelpart
Amherst Is.
Bashee Ids.
Lieu-kieu Islands
HOU-NAN
HOU-PE
HO-NAN
CHE-KIANG
KIANG-SI
FO-KIAN
KUANG-TUNG
KIANG-NAN
SHAN-TUNG
SHAN-SI
PE-CHE-LEE

chapter

鴉片東方

Opium and the East

「他緩慢地講述著自己遊歷中國的旅程，還提到抽竹筒煙管的中國人。」

——法國詩人莫理斯．麥格雷（Maurice Magre, 1877-1942），〈海軍軍官〉（L'Officier de marine, 1922, p. 62）。

☆左圖　中國地圖。根據英國皇家海軍於1842年所收集的資訊（海岸），以及「耶穌會大地圖」（內陸）繪製而成。1851年，愛丁堡A. & C. Black出版，休斯（W. Hughes）作。1842年按照南京條約對英商開放的五口通商，名稱下加註紅線，分別爲廣州、上海、廈門、福州與寧波。

到了十五世紀晚期，歐洲人已經領略過遠東地區許多稀有珍貴的產品，需求隨之而起，鴉片正是其中一項。這都要歸功於阿拉伯商人把鴉片的醫藥用途經由西班牙傳入南歐，甚至進入北非、印度與中國。

一直到當時為止，歐洲人都是透過跟地中海東部區域的國家進行貿易，來滿足他們對亞洲鴉片、胡椒、草藥、香料與茶的需求，而這個地區的國家則大多經由沿海航線，由印度與中國取得這些產品。但是這樣的交易不僅耗時，而且充滿變數，為了克服這些缺點和消除中間商的剝削，歐洲探險家開始嘗試為自己尋找取得這些神奇產品的通路。

☆上圖　羅伯特·克里夫爵士。英國將軍與英國統轄的印度帝國創建者。他為了防止頭痛和胸痛，養成嚴重的鴉片酊癮。住在印度的歐洲人使用鴉片是司空見慣之事：鴉片是少數能讓霍亂與痢疾的發燒與腹瀉症狀減輕的藥物之一。

亨利·瓦里斯（Henry Wallis）的版畫，時間不明。

拔得頭籌的人士之一是葡萄牙探險家華士古·達·伽瑪（Vasco da Gama），他於一四九八年航經好望角，抵達馬拉巴海岸（Malabar Coast）的卡利克特港（Calicut）。他跟當地酋長談成優渥的條件，壟斷對印度的貿易，一直到一六〇〇年為止。後來葡萄牙的霸業遭到荷蘭、法國，特別是英國的挑戰，英國的士兵與官員在接下來的兩個世紀中，使英國成為強權國家，其中包括傳奇人物羅伯特·克里夫爵士（Sir Robert Clive, 1725-1774）。英國在許多衝突中擊敗

杜瓦爾特·巴爾伯薩
Duarte Barbosa

在1500年到1516年受聘於印度的葡萄牙官員杜瓦爾特·巴爾伯薩，寫下他的印度之旅。巴爾伯薩在書中詳述他所到之處的習俗、產物與貿易項目，並指出阿拉伯商人專門經營棉花、大黃、珍珠、貴重金屬、珠寶、象牙、奴隸、絲綢、蜂蜜、香料與藥物，包括鴉片。

The Zamorin of Calicut, granting de Gama Audience.

G·Shea, sc.

Dublin. Published by J· Christie, 17 Roſs Lane.

☆右圖　〈在卡利克特港接見葡萄牙航海家伽瑪〉，出自一本佚名書籍，席亞（G. Shea）的銅版畫，約1820年。

敵人，在印度統治者的首肯下獲得種植與出口鴉片的特許權，鴉片很快就成爲與中國的重要貿易項目。

同時，葡萄牙也以澳門爲中心，在一五五七年壟斷與中國的貿易。一六八五年，葡萄牙的勢力瓦解後，自十七世紀初就一直企圖建立據點的英國、荷蘭與其他國家，頓時發現切入的機會。英國再次擊潰歐洲勁敵，一七一五年成爲擁有中國唯一對外開放的貿易港口廣州的國家。此時，中國人也開始嘗試將鴉片惡習徹底趕出沿海城市。

鴉片是在西元八世紀的唐朝，由阿拉伯人引進中國，做爲一種藥品交易項目，但實際的傳入年代甚至可能還早一世紀。

艾約瑟（J. Edkins）在《鴉片筆記》（*Opium: Historical Note*, 1898）一書中，對鴉片使用的起源有相當透徹的研究。他引述許多關於罌粟性質的早期詩詞，包括十世紀的一首詩，宣稱罌粟能製成「適合佛陀」的飲料。十二世紀的醫學論文讚頌罌粟治療痢疾的「神奇」效果。

根據《鴉片迷蹤》（*The Trail of Opium*, 1939）的作者瑪格烈特·哥德史密斯（Margaret Goldsmith）的說法，關於吸鴉片煙的文字描述，首見於一七四六年的一本小冊子。官方調查員黃育普（Huang Yu-pu, 音譯）指出，爪哇鴉片混合煙草後吸食，是一百五十年前從西班牙傳入的吸法。不過，也曾提到這種吸法的艾約瑟則指出，《爪哇驚奇》（*Amœnitates Exoticœ*, 1712）的作者考夫曼（Kæmpfer）曾在更早的一六八九年，就已經在巴達維亞（Batavia，即爪哇）觀察到這種吸法，當地是以水稀釋的鴉片混著菸草抽。到了一七二九年，這項惡習快速地蔓延，嚴重到讓中國的雍正皇帝感到不安，而下令禁止設立鴉片館和銷售鴉片。

到了一七六七年，葡萄牙對中國的馬爾瓦鴉片貿易已相

八條禁例

十八世紀，康熙皇帝為歐洲商人立下規章。戰艦禁止進入珠江；武器、妻子或家人禁止進入廣州，在冬季以外的時間不得進行貿易。外國人雇用的中國人必須領有執照，僕役數目必須設限。除了每個月三次可以到海南島公園旅遊之外，禁止在城內乘轎、乘船與旅行。去海南時，人數最多十人，不可酗酒或交際。商務活動必須經由公行商人來進行，貨船必須在黃埔載卸。最後，不得走私或欠債。

☆底圖　**鴉片煙與煙膏。**
艾約瑟的《鴉片筆記》(p.5)。

☆右圖　**中國鴉片煙客。**
坐在前面的兩人正在吸菸草。
詹姆士·勞倫斯(James B. Lawrence)的《中國與日本》(*China and Japan*, 1870, p.239)。

哎！恐怖的愚行！

中國經常發布譴責鴉片的聲明和詔書。以下範例出現於1839年：「哎！恐怖的愚行！哎！無比的愚蠢！你想追求利益，卻不可得；你想保命，但一樣困難！你等於花錢找死！」

當蓬勃。這時，英國可能已經開始小量出貨至中國，到了一七七三年，則確定已經建立貿易管道。由於東印度公司壟斷印度的鴉片銷售，因此到了一七八〇年，出口至中國的鴉片管道已成爲半官方性質。鴉片不僅可爲東印度公司帶來龐大的利潤，對於所有參與英國、印度與中國毒品貿易的人而言，它所帶來的利益幾乎不斷地成長。

據說中國的鑑賞家偏好印度，特別是貝那拉斯的鴉片風味（稱爲刺班土），勝於土耳其、波斯，特別是中國的產品。十九世紀中期前往中國的傳教士暨旅行家皮瑞．赫克（Père M. Huc）則反駁這種說法，他聲稱印度鴉片在抵達中國時已經摻入太多次級品，在品質上根本無法和中國產品相抗衡。他也宣稱，由於印度鴉片的標價高很多，因此對想炫耀財富的鴉片煙客頗有吸引力。也許中國大學士朱嶙譏諷的觀察評論更接近事實：他宣稱本地產品肯定不會成功，因為製造品質一直不佳，此外，「所有人都珍視奇特的東西，鄙視所有日常使用的產品。」

由於對本地生產鴉片的鄙視，使進口產品得以在市場上佔有一席之地。不過，即使對中國的貿易曾短期不設限，但是一直到十九世紀前半葉，貿易商唯一能使用的港口仍然只有廣州，這使廣州成為極重要的城市。實際上，在廣州卸下鴉片是非法行為，然而對買賣雙方而言，這僅是技術問題而已。

外國貿易商非常清楚，將鴉片運往中國是違反中國法律的行為，不過經由東印度公司販售鴉片，等於經過好幾手，若是透過私營商，就經過更多手了，這點至少讓英國政府能稍微慰藉一下良心。

☆下圖 **中國買辦。西貢，約1906年。**

☆右圖 **〈鴉片煙客的宿命：過去、現在與未來〉。反對吸食鴉片的警世錄。鴉片客面臨貧困的未來。**

馬丁（W. A. F. Martin）的《中國圈》（*A Cycle of Cathay*, 1896, p.87）。

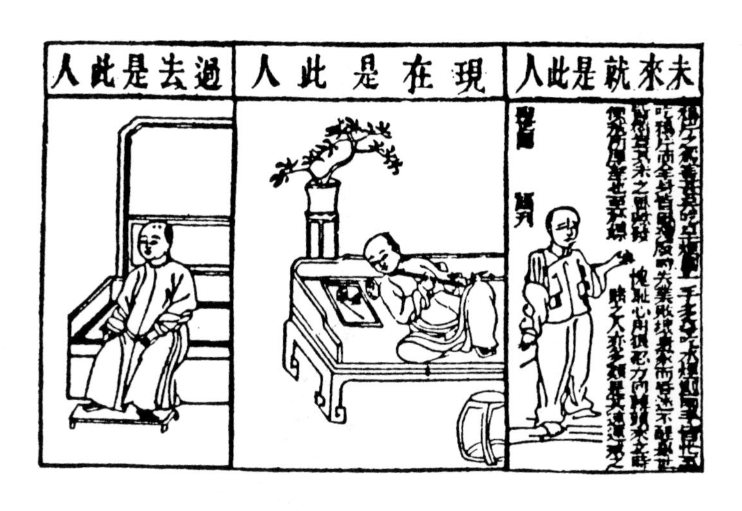

對中國的貿易問題主要在於中國其實並不是那麼需要英國、美國與歐洲國家所提供的商品，反倒是這些國家很需要中國的茶葉、絲綢與食用大黃[3]。英國爲了維持貿易平衡，將重點放在高利潤的違禁品，即鴉片的買賣，將它運往偏僻的地點，或是比較公然地運往靠近廣州的零丁島。中國人本身在鴉片買賣上也相當活躍，他們接受賄賂，並種植罌粟。中國的人口龐大，長久以來對鴉片很熟悉，致使鴉片在中國佔有廣大市場；歐洲商人只需進口足夠的數量，並且把價格壓低到能吸引人上癮即可。

戶部

一位不知名商人在1753年所著的《戶部書》(*The Hoppo Book*)中，稱頌中國戶部官員。這本書描述廣州的貿易規章與各種貿易項目的應付稅款，諸如鴉片、糖、茶與麝香。本書令人驚訝之處不僅在於它提及長期被禁的鴉片；此書還列出鴉片價格是每斤（約3/4磅）半盎斯白銀，比許多其他的貿易物品便宜得多。

至於想要合法交易的話，外國人必須與行（公行）交易，這是中國特許的獨佔中間商，負責商人的管理。當然交易不只是坐下來殺價這麼簡單的動作。外國人還需要買辦（compradores），亦即代理商，這些人必須值得信賴，可以代表他們做事。公行商人負責跟皇帝指派的官員打交道，即所謂的海關（因隸屬戶部管轄，故外國人通稱爲戶部〔Hoppo〕）。非法鴉片的銷售則由非官方的經紀商（melters）提供協助。

除了捐贈、佣金與禮品之外，此官僚制度的每一層級都必須付出大量金錢以取得貿易權。公行商人必須繳納保證金，保證在黃埔卸貨的船不會運載鴉片，但是在賄賂普遍可見的情況下，這項規定如同虛設。

註3：食用大黃在歐洲一般被當作輕瀉劑使用，是一項重要的貿易商品。他們的採購量極大，大到讓中國人以為如果不賣大黃的話，歐洲人都會死於便祕。

廣東

一八三〇和四〇年代是鴉片貿易的全盛期，廣州水域相當活躍，停泊著無數的三桅帆船與舢板（兩種小型的中國商船），載運商品至所謂的「夷館」，即外國人的倉庫。

廣州是廣東省的省會，位於曲折蜿蜒的虎門水道上，受到嚴密的保護，但並非完全無法突破。商船的卸貨地點黃埔則是虎門海域的眾多島嶼之一。商品從這裡經由擁擠的海上船隻運送至廣州，像是漁船、妓船、船屋、客船，或是販賣水果、花、鴨、理髮的船隻等等。

廣州由高三十呎的城牆保護，來自海上的航海者只能進入港口。碼頭與城市的市區完全隔離，而且碼頭邊英國、美國、波斯、瑞典、西班牙、法國與丹麥商人的工廠林立，更不用提中國人的工廠了。這些建築相當大、自給自足；有英式辦公室、庫房、公寓、金庫、花園和教堂。

☆上圖　**廣州，歐洲人的工廠。**

喬治·萊特 (George N. Wright) 的《中華帝國》(*The Chinese Empire*, 1858)。亭格 (J. Tingle) 根據湯瑪士·艾倫 (Thomas Allom) 繪圖製作的鋼版雕刻。

☆左圖　**1857年的廣州。**

查爾斯·伊登 (Charles H. Eden) 的《中國速寫》(*China: Historical and Descriptive*, 1877, p.90)。

根據作家莫理斯・科利思（Maurice Collis）在《異鄉泥地》（*Foreign Mud*）一書中所生動描繪的廣州的景象；隔開夷館與河流的廣場是極少數能讓商人散步的地方，城裡的其他地方都禁止外國人進入。這裡經常有許多熙熙攘攘的活動人潮：「有小販、叫賣的、西洋鏡商人、閒逛的人、補鞋匠、裁縫，以及賣茶和堅果的，更不用說那些只是來看熱鬧的人或大聲討錢的乞丐，小小的散步區滿滿都是人。」

☆左圖 **廣州街景。**

《瑞佩斯世界史》（*Ridpath's History of the World*, vol. 4 , 1899, p.807）。赫蘭德（Howland）作。

☆右上圖 **廣州灣鳥瞰。**

立體卡片，約1900年。

☆右下圖 **廣州的歐洲、印度與美國夷館，從海上看到的景象。**

佛區・泰勒（Fitch W. Taylor）的《環遊世界》（*A Voyage Round the World*, 1842, p.139）。泰勒於1839年中英衝突達到高峰之前來到廣州。

T534
V23922 T The Chukiang River with Its Enormous Floating Population, Canton, China.

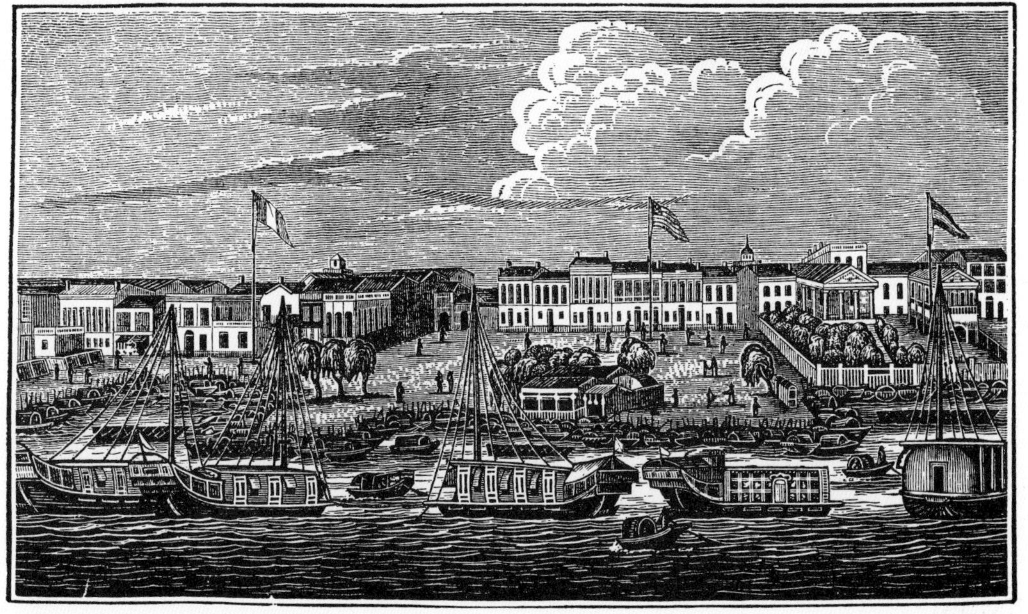

反對鴉片進口並對所有貿易設限的中國法令，從十八世紀初開始大量增加，但這並未制止商人以賄賂、運送至其他港口或走私的方式規避法律。

針對外國人的法律很少落實，反倒比較常處罰跟外國人合作的本地人。這些法律偶見執行，處罰相當嚴厲：販賣者可能被驅逐或強制戴上木枷，而鴉片館主則處以絞刑。奇怪的是，至少有一段時期，鴉片煙客不用負擔刑責，艾約瑟猜想，當時可能是認爲淪爲這種惡習的奴隸已經是很嚴重的懲罰。

供應鴉片這類非法商品的歐洲官員與商人，肯定需要找出能說服自己的理由。他們有許多是信奉上帝的人，絕對不敢在自己的國家推銷會讓人上癮的毒品。根據一位不具名的歐洲人的說法，鴉片只不過是「無害的奢侈品」，提供鴉片給多產的中國人慰藉，還能促進經濟發展，最後還說，如果鴉片貿易落入惡人手中，就等於助長「暴徒、海盜與掠奪者」。連一些與這行無關的人也呼應這種論調。

走私

走私鴉片的人不只外國人而已，根據1832年的《中國叢報》：「鴉片——當李總督去年造訪北京時，他的兒子帶著一定數量的鴉片，價值約數千元，要送給當朝大臣。由於總督的行李不會被搜索，因此不怕被查到。供應這位大官兒子鴉片的商人用半數的劣質鴉片魚目混珠。總督回來後，決定懲罰這位違法者，罪名不是因為使用劣質鴉片，而是因為販賣鴉片，這名罪犯聽到消息，立即帶著詐騙的成果潛逃。」

獨特的刑罰

鴉片煙客最終還是成為懲罰的對象，如同1838年《中國叢報》的這篇文章：「最近破獲鴉片、鴉片商與吸食者及其用來抽鴉片的器械，如果報導屬實，湖北採用的獨特處罰是將他們的上唇割去一部分，防止他們再抽鴉片。」

☆左圖　不幸的賊。
他被套上枷鎖這是中國常見的處罰方法。根據約翰·湯姆遜照片製作。
《影像中國》(*Dix ans de voyage dans la Chine et l'Indo-Chine*, 1877)。

☆右圖　被逮捕的鴉片走私犯。
某法國畫報的版畫，約1850年。

鴉片快船

怡和洋行（Jardine Matheson）這類大公司，或只想靠跑單幫輕鬆賺一票的商人，在印度買到鴉片後，必須儘快把它們送到中國，以回收成本，並且避開危險的暴風雨和中國沿海的海盜。一種新式的船隻就是為此設計的：流線造型的鴉片快船（Opium Clippers）。

這些快船在零丁島或偏僻的港口與小港卸貨，祕密把違禁品換成銀兩。他們接受各種銀子，只要能秤重就好；銀條、古銀器、零碎的銀餐具等等，都可以做為法定貨幣。銀子大量流出，有可能使中國經濟陷入困境，卻讓這些商人喜獲豐厚的利潤。

☆下圖 **鴉片快船。**

泰晤士造船公司爲香港甸德洋行(Dent)建造的快船，重1001噸，長270英尺，寬27英尺，航速將近17節(每小時1.853公里)，在當時是相當快速的船。

《倫敦畫報》，1860年7月14日，第37頁。

☆左圖 **依蒙特號(Eamont)。**

這艘200噸的鴉片快船於1850年代，從香港經由中國海航向台灣。

林希·安德生(Lindsay Anderson)的《鴉片快船巡航記》(*A Cruise in an Opium Clipper*, 1891)，佚名畫家的素描。

為了抑制鴉片貿易，中國皇帝指派林則徐[4]為欽差大臣，賦予重權。林則徐於一八三九年三月抵達廣州後，立即要求商人將私藏的所有鴉片繳庫，並得保證日後不再販運。商人同意繳交部分鴉片，但林則徐不滿意，表示他們還需繳交更多。

於是商人繳出更多的鴉片：總計二萬二千二百八十三箱，價值約九百萬銀元。從一八三九年六月三日開始，林則徐下令把商人繳出的鴉片摻上石灰，倒入流向海灣的小溪。他同時也銷毀了中國商人繳交的鴉片與鴉片煙槍，以及該年當地的罌粟作物。

船隻持續遭到查封，誤解、不滿與最後通牒，終於釀成戰爭。在商人拒絕停止載運鴉片至中國的情況下，中國與英國及其他國家之間終於爆發第一場鴉片戰爭，從一八三九年開戰，一直到一八四二年簽訂南京條約為止。

銷毀鴉片需時多久？

以每天500人銷毀約1,300箱鴉片的速度來計算，林則徐估計需要18天的時間；結果在23天內完成。這22,283箱中，每箱約有160磅的鴉片，因此總計為3,565,280磅。

註4：1846年，倫敦的杜莎夫人蠟像館陳列林則徐和其夫人的蠟像。

維多利亞女王
Queen Victoria

在備戰時，中國的欽差大臣林則徐整訓部隊並致函維多利亞女王，指出鴉片貿易的弊害。這封具有高度道德感的信件草稿刊登於1839年五月的《中國叢報》，不過可能未曾寄出。第二封措辭沒這麼溫和的信則在1840年一月寄出，不過並無紀錄顯示女王是否收到了這封信。

☆左圖 維多利亞女王。
留影於林則徐大臣致函給她的兩年前。羅賓遜（H. Robinson）根據索本（R. Thorburn）畫作製的鋼版畫。
莎拉．泰勒(Sarah Tyler)的《女王傳》(*Life of Her Most Gracious Majesty The Queen*)，約1898年。

☆右圖 英軍轟炸廣州市。
《瑞佩斯世界史》(vol. 4, 1899, p.810)。

「回顧這場肇因於（鴉片）貿易，為彌補損失而發起的戰爭……，
其實是場不義之戰。此外，它也是一場不道德的戰爭……，事實無法隱藏，
身為第一個基督教強權的大英帝國對異教君主宣戰，
只因為這位君主試圖制止傷害人民的罪惡。」

——衛三畏，《中國總論》（*The Middle Kingdom*, 1899, p.510）。

南京條約強迫中國再度開放廣州，另外還得開放廈門、上海、福州與寧波等港口，供英國的商人與官員使用；將香港割讓給英國；並且賠償高達兩千萬銀元的賠款。

鴉片貿易重新恢復，而且由於對條約內容的錯誤解讀，鴉片貿易還是屬於違法狀態。條約中從未指明鴉片將合法化。到了一八五六年，在海盜的助長下，鴉片走私與成癮達到歷史高峰，中國再度孤注一擲，想終結這種貿易。於是英法發動第二次鴉片戰爭，中國再度戰敗。一八五八年的天津條約賦予外國人更多的自由與權力，儘管沒有以太多文字明訂，但表面上鴉片貿易已經合法化。此後，運往中國的鴉片數量暴增。市場氾濫更加速它的使用，鴉片成癮的情形也更加嚴重。

稍早在中國本地開始種植鴉片作物的業者也開始認眞經營；根據李希霍芬（Baron Richthofen）在一八七二年所做的中國調查顯示，中國數省也開始出口、進口和彼此交易鴉片，其中比較重要的省分包括山西、陝西、甘肅、海南、雲南與四川。

第二次鴉片戰爭之後，歐洲人大量湧入亞洲。來自西方的海軍官員與水手在廣州的碼頭和街道上經常可見；在新開放的上海商港、英國的香港新界，以及法國殖民地印度支那的首都西貢，情形也差不多。美國與英國基督傳教士大批來到亞洲傳播福音。旅客、軍方人士與商人往返頻繁，企業家、外交官與家人則長期居留。

戰爭的代價

打贏兩次鴉片戰爭並非不需代價。1860年，《倫敦畫報》報導第一次鴉片戰爭讓英國政府花費350萬英鎊，東印度公司100萬英鎊；而第二次鴉片戰爭總計花費540萬英鎊。

軍方驗退

1832年的《中國叢報》報導：「廣東總督派出的一千人中……，指揮官退回兩百人，因為他們有鴉片癮，不適合服役作戰。」

鴉片箴言

「在十位山西人中，有十一位吸鴉片。」

在這些旅客、傳教士與外交官中，有許多人出版遊記，書中幾乎都有以版畫描繪的街景、「典型」的中產階級家庭，也必定會有鴉片煙客或鴉片館。根據大多數觀察者的說法，鴉片會無情地摧毀人的意志與抱負，把吸食者變成面黃肌瘦、形容枯槁的鴉片鬼。美國海軍官員詹姆士·勞倫斯（James B. Lawrence），在描寫一八六六年他在澳門停留的情形時，曾同情地表示，那些上癮者「永遠無法獲得滿足，他們把頭靠在鴉片館門邊，而剝奪他們所有一切的狠心老闆卻不讓他們進門。」

☆右圖　**鴉片煙客。**

這張木刻畫根據約翰·湯姆生的攝影作品製作，該作品收錄在樺榭（Hachette）出版的《影像中國》。里昂·羅賽（Léon Rousset）的《中國之旅》（À Travers la Chine, 1886）亦可見這張照片。

查爾斯·羅普蘭提（Charles Laplante）作品。

香港

香港（源自heang-keang，「有香氣的水域」之意）是英國在第一次鴉片戰爭中獲得的衆多戰利品之一，但並非所有的英國人都認為它是一項資產。亨利．查爾斯．賽爾（Henry Charles Sirr）在一八四九年的文章中，將香港批評得一文不值。他在自己的著作中，標題為「有害無益」的章節裡，言明自己對香港的鄙視，認為那是一個缺乏可耕地，夏天有瘟疫，冬天嚴寒，有著香港熱這類疾病和害蟲，是個缺乏道德感的地方。總之，賽爾認為，香港「從很久以前就被中國政府視為不名譽的地方，是最不健康的地區之一，也是海盜、竊賊與各種墮落人物匯聚的場所」，而且絕對是一項負債。賽爾對鴉片墮落習性的描述可說是經典之作，不過反對英國縱容這種貿易的譏諷之語，更是鏗鏘有力：

「大英帝國身爲基督教國家，竟然放縱這種可怕與邪惡的貿易，甚至認可、鼓勵或允許它的持續進行……。提供毒品給大眾使用，無論獲利有多豐厚，都是一種違反人性的罪行，有人性的人都會大聲疾呼掌權者禁止並逮捕那些破壞者。」

☆左圖　香港港口鳥瞰。這張木刻畫根據攝影師約翰．湯姆生的作品繪成。
樺榭出版的《影像中國》。

☆右圖　香港街角一隅。約1910年。

烟筒
牙粉
影相
ICTURES READY
銀兩
相
各款水煙筒

有些改革者將鴉片議題視爲個人的責任。一八○○年代造訪中國的英國傳教士杜克（Edwin Joshua Dukes）認爲，鴉片癮具有「破壞性又不道德」，他撰文表示「鴉片貿易的捍衛者（他們幾乎都痛恨基督傳教士）宣稱，我們的抗議只是一時不合理的『流行』。」

在所有的亞洲國家中，中國受邪惡的鴉片煙害重創最深。隨著鴉片的銷售重鎮從廣州轉往上海，該市像磁鐵般引來全球的旅行家、賭運氣的難民和急著大撈一筆的罪犯。然而，暹羅（Siam，今泰國）、緬甸、新加坡、馬來西亞、婆羅洲（Sarawak，今沙勞越）與印度支那也發現自己陷於必須譴責這種惡習，又需要鴉片來增加稅收的兩難困境。這些成爲殖民地的國家（只有泰國是英法的保護國）同樣受到殖民母國的貪婪與無情摧殘。西方也發現，無法將抽鴉片煙的習慣侷限於遙遠的殖民地；它已散播至歐洲與北美洲；讓全球日趨嚴重的毒品問題更添一樁。

殖民主義讓大量歐洲人有機會到異國生活，採行與適應新的生活方式與習俗。法國殖民至北非、東南亞與中東，英國殖民至印度、埃及、東非與亞洲，德國、比利時、荷蘭、葡萄牙、義大利與西班牙也各有其殖民地，這使歐洲充滿了新的觀念。工匠受雇把時髦社會的沙龍，重新裝潢成最新的東方風格：例如中國、日本、摩爾、印度、波斯和埃及的風格；簡單合適的設計型錄隨手可得。

上海的毒品交易

關於毒品交易的警方報告經常出現在《北華捷報》（*North China Herald*）中。在1912年報導的個案中，警方以詐欺罪名逮捕一位28歲的拉脫維亞人，佛利茲．拉賓（Fritz Lapin）。他將罐裝麵粉偽裝為嗎啡，販售給不疑有他的毒品買家。在第二個案子裡，警方對雲南路上的住宅攻堅，破獲大量的鴉片與帳冊，上面以「進口藥」為鴉片偽裝。

旅行家帶回驚險無比的故事，以及醜聞般的淫蕩聲色，伴隨著有關財富、宏偉事物，以及許多不同習俗的報導，這些都與歐洲習慣的方式非常不同，但正因它們非常奇特，反而更吸引人。對於那些深受冷酷的工業革命之苦的人而言，頹廢生活實在非常誘人。這些在現代備受懷疑的東方風俗習慣，在當時卻宛如一股清新之風。因此當這些從亞洲與中東返回的旅行家，將抽鴉片的習慣帶回十九世紀的歐洲時，由於民眾對異域居民獨特的生活方式日益嚮往，抽鴉片煙的習慣遂迅速蔓延。

☆下圖　上海福州路，1920年左右。

法國作家克勞德·法瑞在故事〈福州路〉(Foochow Road) 中寫道：「夜幕低垂，整條街道亮了起來，泛著紅光。每扇門後都是一處鴉片窟，奇特與引人的程度各異，但同樣充斥著鴉片。」這張明信片的寄件人寫著：上海「非常令人驚奇」。

chapter

黑色迷霧

Intoxicating Fumes

「我，沉靜地待在壯麗的蒼穹下，
肘下一隻巨大的馴獅，
腳下一名酥胸裸露的年輕女奴，
我用一根巨大的玉製煙槍抽著鴉片煙。」

——法國作家高提耶，《莫邦姑娘》(*Mademoiselle de Maupin*)。

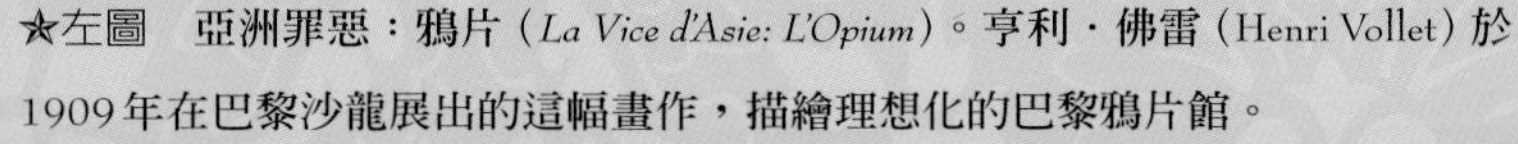

☆左圖　亞洲罪惡：鴉片（*La Vice d'Asie: L'Opium*）。亨利・佛雷（Henri Vollet）於1909年在巴黎沙龍展出的這幅畫作，描繪理想化的巴黎鴉片館。

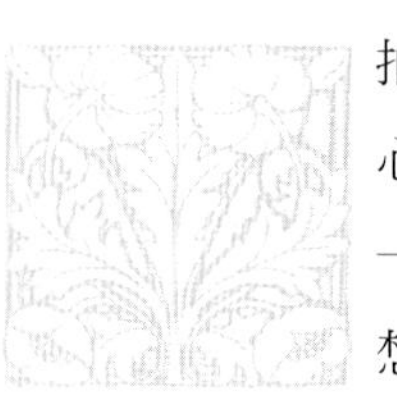

抽鴉片煙的附帶要求蠻多的：煙客必須細心地調配與揉捻煙膏，因爲鴉片就像愛人一樣，只會回應技巧最嫺熟的手。此外，想抽鴉片煙的癮君子不是有了煙槍和些許鴉片，就能一享吞雲吐霧之樂，還必須擁有「整套工具」、鴉片館以及同好的陪伴，方能享受這種毒品的醉人迷煙。

這種儀式成爲一種珍貴的消遣，煙槍散發出近乎神祕的溫柔，鴉片館彷彿變成另一個世界。法國作家克勞德·法瑞在描寫一支古老煙槍時說，它「不可思議地喚醒了所有亞洲人」及一處「迷人的鴉片館……，像一扇優雅至極的大門，引人脫離俗世煩囂，進入諸神幻境！」作家在小說、詩詞與傳記中，縱情描述他們的鴉片經驗。法國詩人莫理斯·麥格雷寫道，「逝去的靈光佔據我的腦海，」超現實主義作家暨詩人羅伯特·德西諾（Robert Desnos, 1900-1945）宣稱：「鴉片好比空氣，吸食者如沐其中。」吉卜林則簡單地表示：「我見識過各色各樣讓人們嘖嘖稱奇的事物；但是當你身處在『黑色迷霧』的影響下時，除了『黑色迷霧』之外，一切都是正常的。」

如同他在〈鴉片煙槍〉（The Opium Pipe）中的紀錄，高提耶曾經躺在床上，從像「被燒烤的鯉魚」般乏味地滾動，轉變成承受著「一陣陣的火熱與一波波誘人的臭味……，無法脫身，愈陷愈深，直到一道道亮閃光線穿透我的毛孔，如頭皮上的髮根般植入我的皮膚內。」

法國詩人暨劇作家尚·高克多（Jean Cocteau, 1889-1963）

靈感與能量

一位不具名的新聞記者，6606號，因為疲憊而吸食鴉片。他在監牢裡寫下經驗，表示在鴉片的力量下，「我像丟掉破衣般，輕易就甩開腦中疲憊」。

☆右圖　**富有的中國鴉片煙客坐在椅上，桌面上擺著煙燈、一支刮刀、煙籤、一組帶砝碼的秤和盤，以及放著碗的架子。這是一幅很有趣的木雕畫，但不寫實，因爲這樣坐著很難吸鴉片煙。**

某法國雜誌，約1889年。喬治·馬賽斯（Georges Massias）與戴崔奇（Dietrich）的作品。

「驀然，彷彿魔術般，一根竹子冒了出來，然後是一株罌粟，最後是一陣火焰。
陌生人將竹莖打斷，然後將罌粟摘下。這時彷若被下了魔咒般，
竹子周身鑲上黃金碧玉，竹節開花成碗。罌粟花冠分泌出黑蜜似的液體。
這就是第一支煙槍與第一塊鴉片煙。」

——克勞德·法瑞，〈皇帝的智慧〉(La Sagesse de l'Empereur)。

煙癮

宣稱自己有「煙」(yen)的人，用這個字來影射他們的鴉片煙癮。煙或煙癮(yen-yen)，指的是想抽鴉片的慾望。

寫道，鴉片「喚起過去與未來，使它們融合成完整的現在。」

吸食鴉片的整套用具，包括煙槍、煙燈、一支大煙籤與放置鴉片膏的容器，全都置於盤上。其他像是清理煙斗的刮刀、海綿、修剪燈芯用的剪刀、量鴉片重量的秤，以及用於放置煙槍，以防摔破的備碗，都是有用的器具。最好還能有一套茶具和一個吸菸草用的煙管。對於吸到渾然忘我，或因經驗生澀而無法準備煙管的煙客來說，要是能有個「廚師」在旁「烹製」鴉片，並且隨時把煙槍準備好的話，就再好不過了。

按照克勞德·法瑞在《黑色鴉片》(*Fumée d'opium*)中的描述，鴉片煙槍很可能已經成爲一種傳奇，因爲吸食鴉片的藝術與儀式的確非凡又特殊。煙客之所以喜愛煙槍，部分原因在於它很能爲煙客帶來愉悅。於是煙客回報以忠實的照料，小心地清理煙灰，使鴉片煙槍保持在最佳狀態。

鴉片煙槍形狀各異，但通常是一根十八到二十四英寸長、用竹子或象牙製成的空管，一端密封，另一端留吸口。在距離煙桿吸口處約四分之三桿長的位置，放了一個可移動的空碗，即煙斗。煙斗通常是用金屬、瓷或黏土製成，它的上方鑽了一個放置鴉片的小洞。金屬環管套住煙槍並緊緊地固定煙斗，讓煙只能從吸口處逸出。

鴉片煙槍的樣式反應出主人的貧富狀況。做工精緻的煙桿可能以琥珀或罕見的象牙製成，或是以龜殼或加金銀絲與寶石裝飾。有些可能會漆上景泰藍瓷釉，並加上雕刻圖案與花樣。吸口和煙管另一端的材質可能是翡翠、硬玉或象牙。簡單的煙槍則完全沒有裝飾，並且用最尋常的竹子和陶土製造。認眞的煙客比較喜歡使用竹製煙槍，因爲它們會吸收毒品，變得越來越「甜」。

☆下圖 中國鴉片館。
原來的標題是這樣下的：「有錢人的家裡有全套設備，包括一間可以獨處的房間，供他們沉浸在墮落致命的罪惡裡。」主人在準備自己的煙槍時，婦女與小孩就以音樂撫慰他。
《讀書雜誌》〈亞洲罌粟：黃種人的死亡之花〉(1899, p.500)。

☆右圖　**煙槍與罌粟裝飾。**
昆貝克（A. P. Quirmbach）的《鴉片煙鬼成教士》（From Opium Fiend to Preacher, 1907）。

鴉片的聖潔地位

儘管煙客對抽鴉片可能有嚴格的規定與禁忌，但是根據西方觀察家的報導，其中有些規矩看起來似乎相當可疑。《中美鴉片吸食大觀》（*Opium-Smoking in America and China*）的作者坎恩（H. H. Kane）指出，在中國，女人是不准抽受到珍視的竹製煙槍，以免她們口水裡的溼氣會讓煙桿裂開。《睡眠七姐妹》（*The Seven Sisters of Sleep*）的作者蒙德凱．庫克（Mordecai C. Cooke）認為，鴉片煙客深深地吸入鴉片煙霧，使體內所有的薄膜組織充斥著鴉片煙，因此煙也能從耳與眼冒出，而不只是口與鼻而已。

上海風情

罌粟：他沒帶煙槍來，可惡的混蛋！

大島：我們不要抽煙槍，罌粟——那不是好東西！

罌粟（尖叫）：我要煙槍——我要！（腳猛踏地。）
我要抽煙槍！

在約翰．柯頓（John Colton）殘酷的舞台劇《上海風情》（*The Shanghai Gesture*, 1926）中，大英中國貿易公司的大班（大老闆）蓋．查特理斯爵士（Sir Guy Charteris）的女兒罌粟，在媽媽桑的誘惑下過著放蕩的生活，酗酒、吸鴉片，甚至染上其他更糟的惡習。媽媽桑利用這年輕女孩向爵士討回多年前拋棄她的公道。一九四一年的同名電影中，媽媽桑的名字改為較溫和的「金史琳」（Mother Gin Sling），唯一與鴉片有關的，只剩下女孩的小名，罌粟。

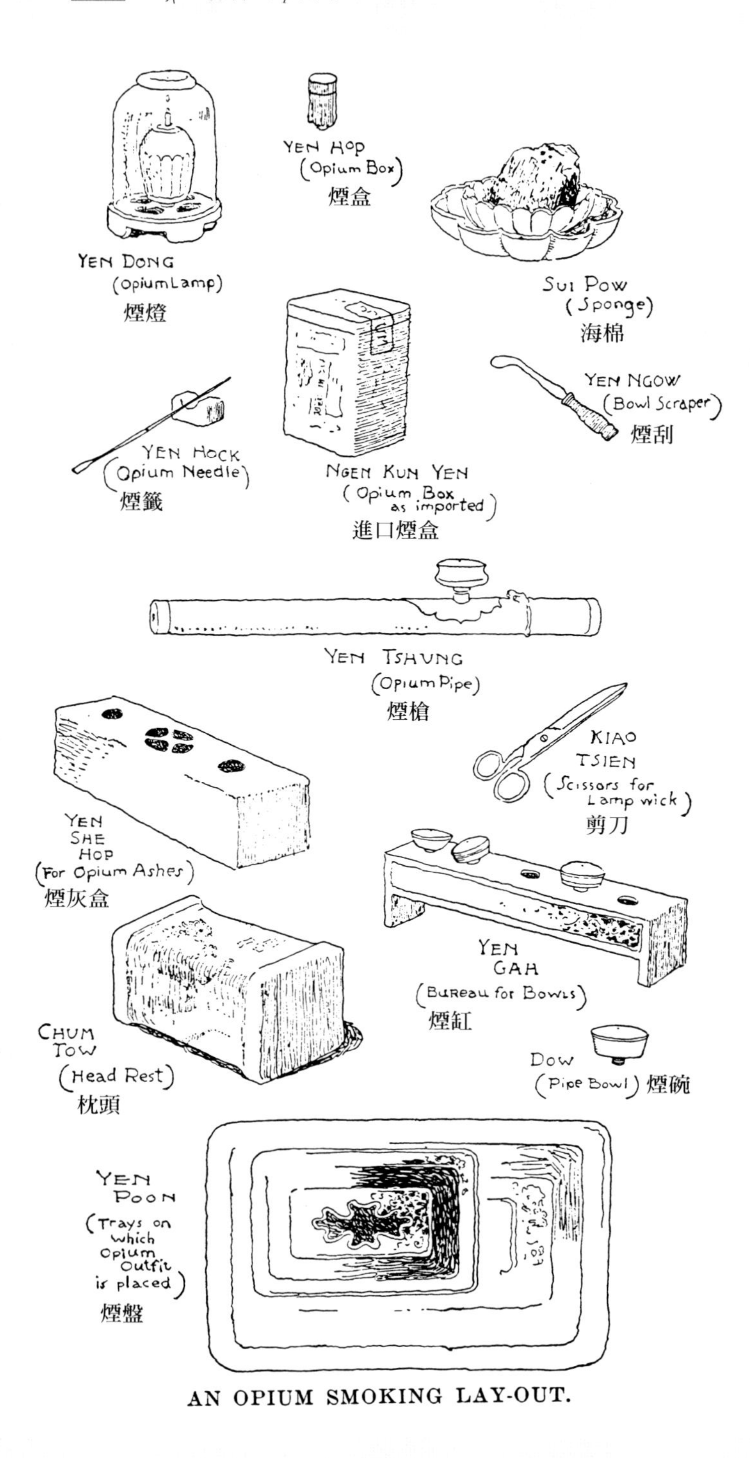

AN OPIUM SMOKING LAY-OUT.

★左圖　精心製作的鴉片煙具組，幾乎包含鴉片煙客所需的所有器具。

路易士·貝克（Louis J. Beck）的《紐約唐人街》（*New York's Chinatown*, 1898, p.148）。

★右圖　印度支那一位富有煙客收藏的全套煙具。最上面的照片是製作精緻的煙槍；第二張是茶具與水煙槍；第三張照片有兩支煙槍、煙燈與煙籤。

某法國雜誌，1906年左右。高迪克（Cl. Gaudict）攝影。

L'ATTIRAIL D'UN FUMEUR D'OPIUM (Cl. Gaudict)

Voici l'attirail, singulier et mystérieux pour les profanes, d'un riche fumeur d'opium d'Indo-Chine. En haut, une remarquable caissette à opium vieux style chinois, une pipe merveilleusement sculptée; sur la table du milieu, des théières, la pipe à eau, enfin, dans le bas, le plateau du fumeur; on y voit les soucoupes à délayer l'opium, le petit instrument pointu avec lequel on prend les gouttes, la pipe et la lampe au-dessus de laquelle le poison doit cuire pendant un certain temps.

煙槍

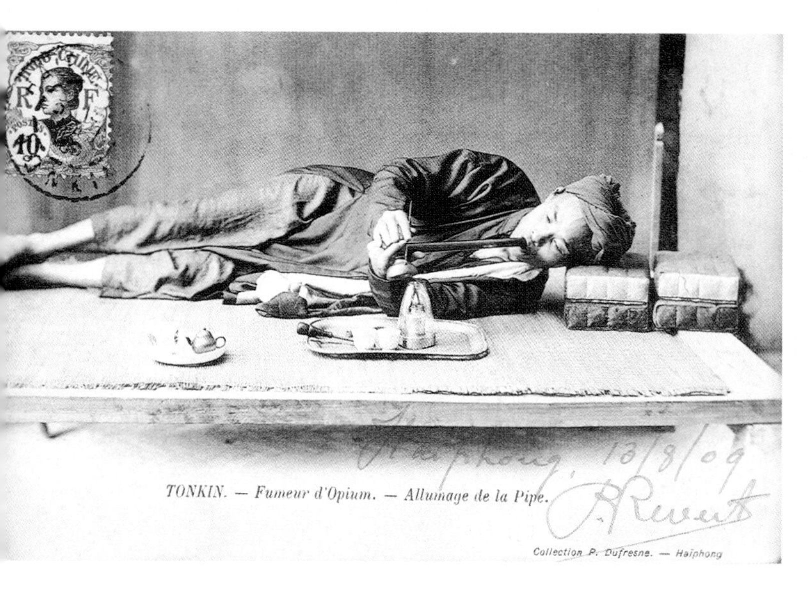

☆左上圖　鴉片煙客。
在這張來自越南北部東京(Tonkin)的明信片上，有一位鴉片煙客與整套鴉片煙具。杜佛瑞生(R. Dufresne)，海防市，1909年。

☆左下圖　十九世紀的中國鴉片煙槍。
第一支煙槍的煙斗是由紅木製成，飾以黃銅與銅，金屬製的桿身由八顆堅果包住，每顆堅果皆刻上臉孔造形。第二支煙槍則是典型鴉片煙槍的美麗代表作，桿身是由塗漆竹管製成，再以精工打造的白色金屬裝飾。煙斗安裝於鑲彩石白色金屬座上。

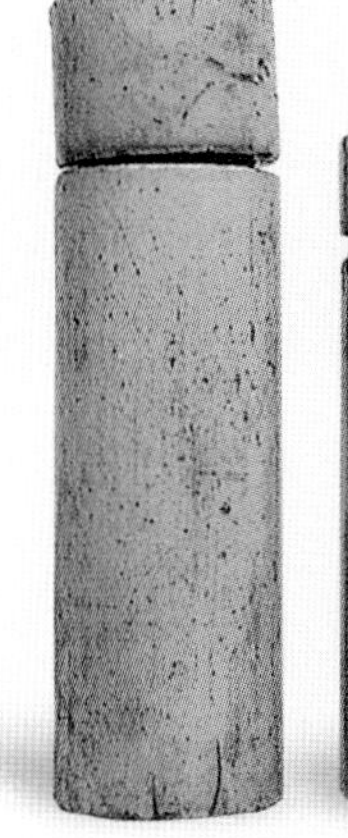

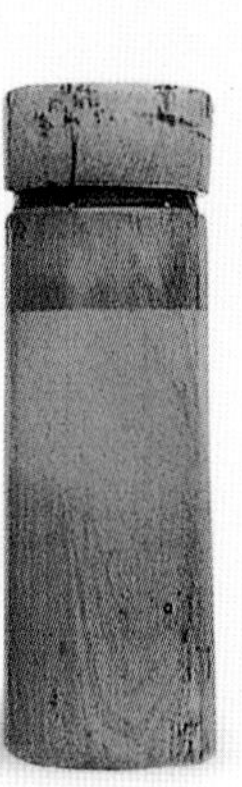

煙盒

★左圖　這兩個十九世紀的象牙盒或骨盒，設計來裝小量、個人用的鴉片煙膏。這種鴉片煙盒通常是以有機材質、黃銅、銀、景泰藍瓷釉、玉與所謂白銅的銅合金製成。

煙秤

★右下圖　十九世紀或二十世紀早期的中國煙秤。
此裝置用來秤少量的鴉片、藥草及藥物。這個可攜帶的設備包含一個砝碼、用象牙或骨頭製成的桿身，以及用於放置鴉片的小金屬碗。

各式煙槍

★上圖　這根菸草煙槍（水煙槍）經常被誤用於鴉片煙客插圖中。鴉片可與菸草混合，但這支煙槍通常是用來抽普通切碎的菸草。

★左下圖　吸煙槍的人。其實這人手中的是原本用於抽菸草的竹製水煙筒。查理斯·魏德納（Charles Weidner），舊金山，1906年。

★右上圖　抽菸草用的另一種水煙槍（水煙台）也經常被誤認爲用來抽鴉片煙，例如電影《殘花淚》劇照中，這支以景泰藍瓷釉裝飾的煙槍，是一種標準設計。

★右下圖　罕見的菸草煙槍。路易士·貝克在他寫的《紐約唐人街》（pp. 178-179）一書中費了很大的工夫區分鴉片煙槍與菸草煙槍。

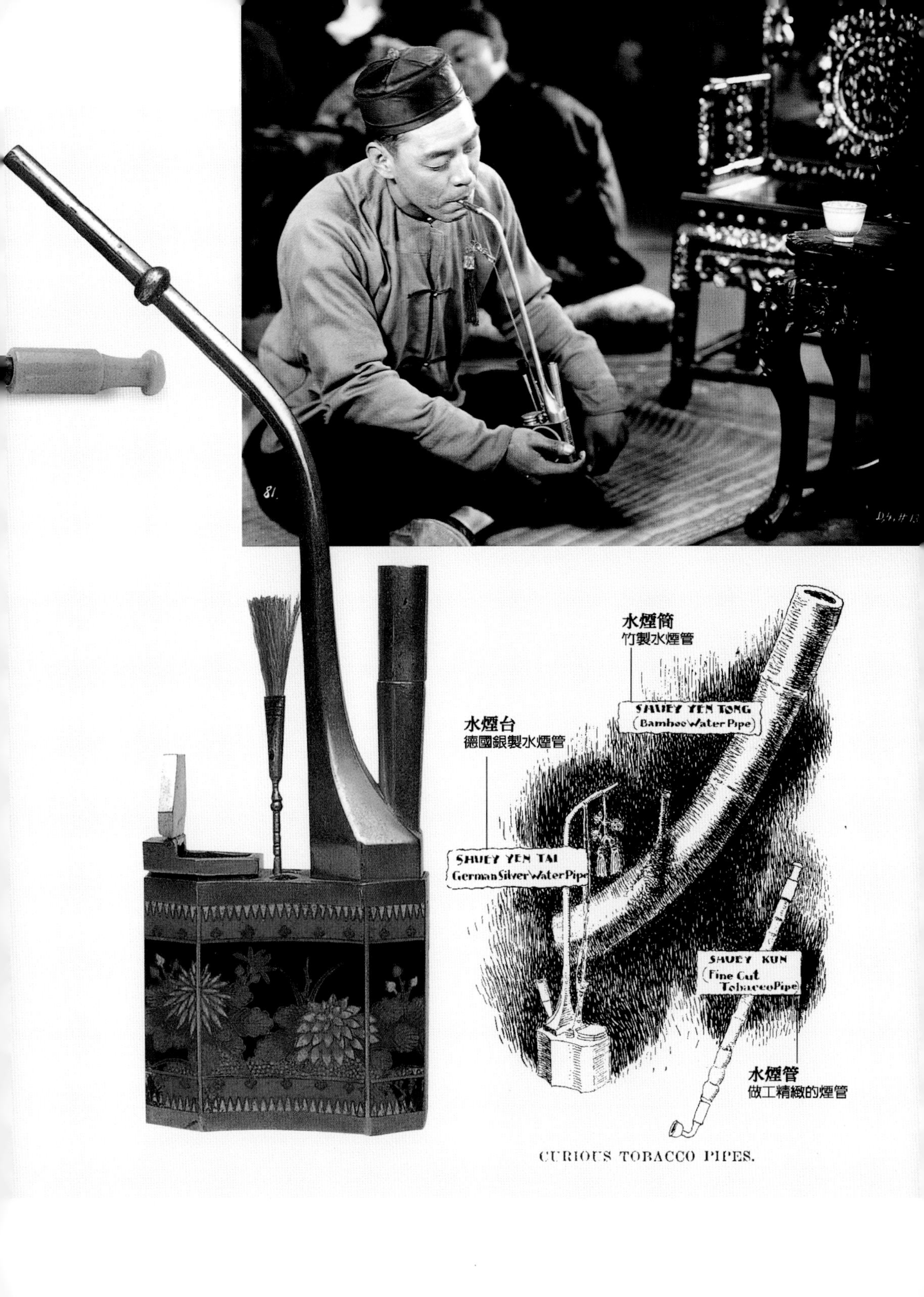
81.
水煙筒
竹製水煙管
SHUEY YEN TONG
(Bamboo Water Pipe)
水煙台
德國銀製水煙管
SHUEY YEN TAI
German Silver Water Pipe
SHUEY KUN
(Fine Cut Tobacco Pipe)
水煙管
做工精緻的煙管
CURIOUS TOBACCO PIPES.

☆左圖與右圖　準備鴉片煙槍以及煙榻上的鴉片煙客。

相同的房間、煙客和煙具，唯有煙客姿勢不同的明信片經常可見。克里斯賓（L. Crespin），西貢，約1926年。

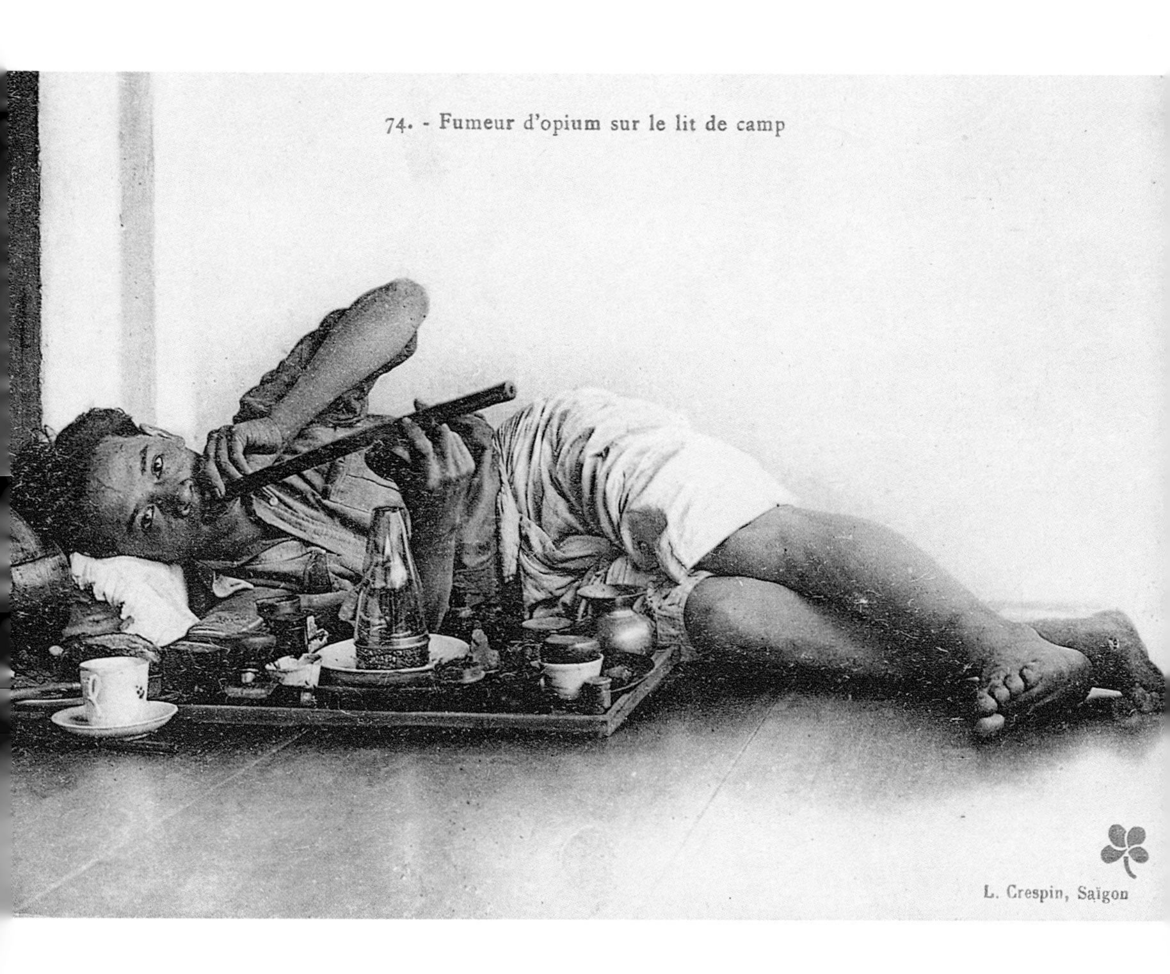

「鴉片給予我們的啓示：除了肉體苦痛，餘皆虛幻。」

——法國作家安德烈·馬爾侯，《人的命運》。

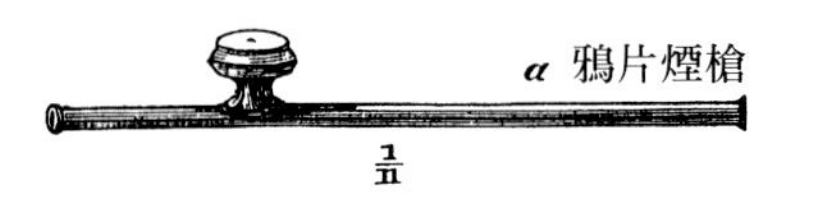

b 煙籤
1/4

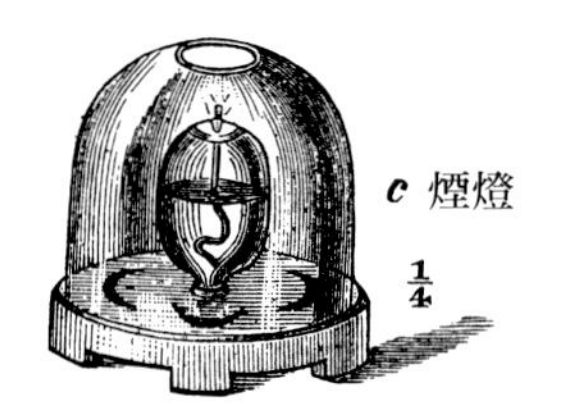

無論是在法國南部的鴉片館、洛杉磯小巷裡的房間，或廣州富有的中國家庭裡，所有的鴉片煙客都遵循著既定的程序。

煙客先排放好鴉片器具，點上鴉片煙燈，再找到舒適的位置，因爲以橫臥的姿勢吸鴉片煙，效率最好。他會用一根長長的煙籤，自暗棕色的鴉片膏中挑起豆子大小的球狀或藥丸狀鴉片，放在鴉片燈的火焰上，直到鴉片產生泡泡，變成金黃色。有時煙客會讓鴉片球著火，再把火焰吹熄，然後把鴉片抹到煙斗邊緣，接著把這個黏膩物質弄成

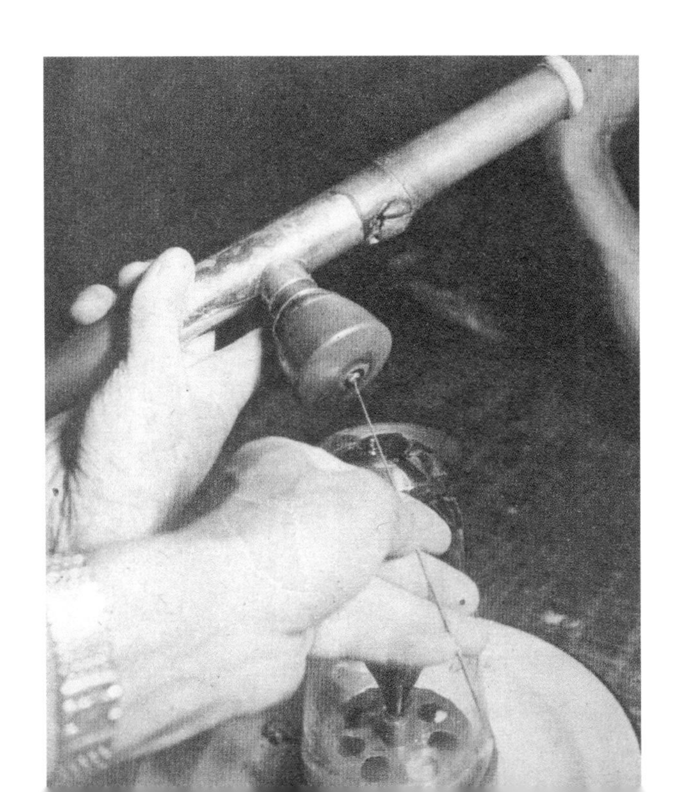

與鴉片有關的英文用語

鴉片館：

joint
hop joint
lay-down joint

煙槍：

ganger
bamboo
dream stick
saxophone

煙客：

pipie
pipeftend
gowster
hop-head
yenshee boy

抽鴉片煙：

To be on the hip
Kicking the gong around❖
Rolling the log

❖：影迷會想起在電影《江湖俠侶》（*To Have and Have Not*, 1945）中，豪吉．卡麥可（Hoagy Carmichael）那首〈香港藍調〉（Hong Kong Blues）中有一句歌詞是「當他踢老佛的銅鑼」（When he kicked old Buddha's gong）。

長條狀，使它「煮得」更透。同樣的程序重複數次，直到鴉片看似熟透。這時可以將鴉片揉回豆狀，迅速壓進煙斗孔裡。於是煙客將煙斗靠近煙燈，讓火焰直接燒鴉片球，接著大力地吸煙槍，直到鴉片抽完為止。根據一口所吸的煙量而定，可以一次或分數次吸完。煙斗冷卻後，鴉片煙客會準備更多的鴉片、吸食，再準備更多，然後再吸食，直到滿意為止。新手煙客可能吸三管煙；但老煙槍客的煙量則大得多。

這種毒品在燃燒時會發出一種味道，有人認為迷人，有人則聞之反胃。一八八〇年代，在中國的傳教士杜克以「難受又令人作嘔」來描述這種味道。詹姆士・勞倫斯則認為「鴉片煙並不會讓人厭惡，事實上，它們還滿誘人的。」

☆左上圖 《大英百科全書》(1884, p.817)。

☆左下圖 **將煮過的鴉片置於鴉片煙槍的煙斗中。** 《真實推理傑作選》(*Best True Fact Detective*)〈香港夢幻大街〉(Dream Street, Hong Kong)，1954年9月，第23頁。

☆下圖 **在這張明信片上，鴉片煙客使用一組包含兩根鴉片煙槍和一支水煙管的煙具，約1910年。**

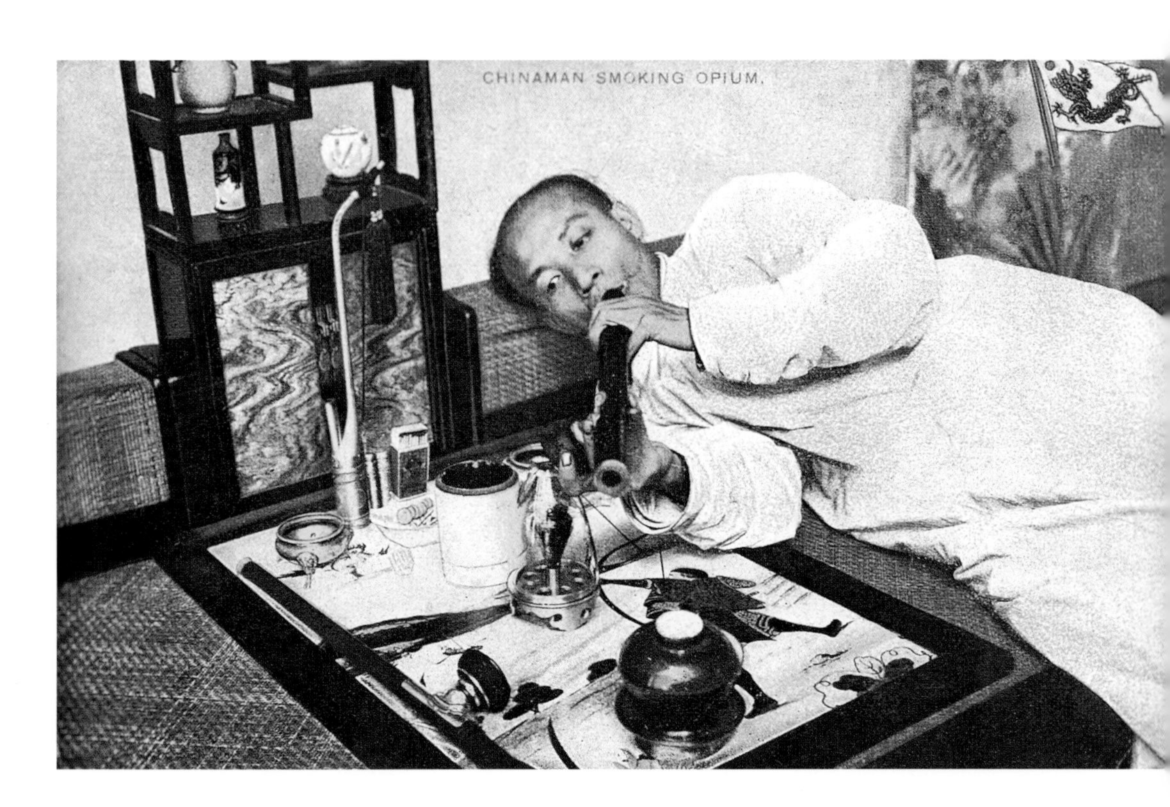

《中美鴉片吸食大觀》的作者坎恩認爲，煮鴉片有一種「令人愉悅的乳脂味」，而且鴉片煙有一種「還不難聞的水果氣味」。路易士．貝克（Louis J. Beck）的《紐約唐人街》（*New York's Chinatown*）的書裡引用煙客貝莎的話，鴉片聞起來「像烤花生」。小說家格雷安．葛林（Graham Greene, 1904-1994）在他的日記中寫到，鴉片的氣味「就像一眼看到一位讓你覺得有可能交往的美麗女士。」

若說鴉片煙具暗示的藝術與技藝讓這種毒品顯得神祕，那麼鴉片館更是這種神祕氣息的來源。作家對鴉片館的描述差異極大，視不同作家的想像力而定。有些生動的描述實在令人質疑，它們把鴉片煙館描繪成豪華典雅的地方，有優美的織錦、舒適的軟墊與床、柔和的燈光，以及穿著傳統服裝、耐心等著替客人準備煙槍的殷勤侍者。這種夢幻煙館是虛構的產物，幾乎不可能在現實中找到。

在薩克斯．洛馬（Sax Rohmer, 1883-1959）一部情節緊湊的小說《痲藥》（*Dope*）中，上流階層的倫敦人經常造訪富有情調的「百喜屋」。它暗藏在一個骯髒的廢棄建築內，屋裡以東方織錦與地毯做裝飾，由一位豔麗的「古巴猶太」女祭司主持。薩克斯．洛馬的另一部小說《黃爪》（*The Yellow Claw*）中，則把倫敦的鴉片煙館稱爲「廟」，而客人則被稱爲「小祭司」。

英國鴉片女奴

薩克斯．洛馬在他的小說《痲藥》中，描述進入豪華鴉片煙館對女鴉片煙客生手所造成的影響。莫莉咯咯地笑著表示，「想到在這些充滿東方氣息的煙館裡褪去羅衫、躺臥下來，就讓我有變成女奴的感覺。親愛的，在抽完後，我真的夢到自己變成女奴，感覺美妙極了。」

☆右圖　**在私人客廳裡，富有的中國鴉片煙客。**
《今日人種》（*The Living Races of Mankind*, p.211, c.1900）。

「人總是有沉醉的需求：(中國)有鴉片、回教國家有印度大麻、西方世界則有女人……，也許愛才是超越一切，讓西方人擺脱命運的方法……。」

——法國作家安德烈·馬爾侯，《人的命運》。

眞實世界裡的鴉片煙館通常都相當骯髒，往往是暫時將就使用的房間，能迅速僞裝或拆解。骯髒的床墊隨意鋪放在未打掃的地板上，供煙客輪流躺臥；空氣中瀰漫著令人倒胃的鴉片煙，因爲房間幾乎密不通風，顯然是爲了防止鴉片煙逸出。這裡的客人大半是衣著邋遢、已經上癮的吸毒者，而非有錢的波斯王子。這還是西方人專用的鴉片館，從當時的描述來判斷，中國人進出的鴉片煙館更加不堪。記者與反鴉片人士總是樂於強調那裡的骯髒污穢。路易士．貝克對一八九八年紐約一家鴉片煙館的描述，大致總結了鴉片煙館的全貌：

在大約離地三呎處起，有數層不同的煙霧起伏不定，彷彿大海上翻騰的波浪。一進門迎面就撲來刺鼻的氣味，到了屋裡更強上百倍，濃重地讓人愉悅。房裡不時可見微弱的燈火努力地燃燒，似乎想照亮周遭的環境，卻顯然徒勞無功……，罪惡偏愛幽暗，而且是黑暗的搭檔。這是最邪惡的罪惡——而且是進口的罪惡。房間兩側是整排的木板鋪位(鴉片煙客這麼稱呼)，離地板大約兩英尺，上面鋪著……蓆子，四下散置的木枕或草墊……，則是當作枕頭使用。現在是鴉片鬼的時光，鋪位上座無虛席。

☆下圖　唐人街的鴉片館。
路易士．貝克的《紐約唐人街》(p.157)。

在鴉片煙館內社交非常重要，不是爲了對話，因爲基本上對話根本不存在，而是爲了其他身體的存在。無論是在文學或事實記載中，選擇獨自吸食鴉片的煙客都相當罕見。

身兼作家、藝術家、鴉片煙客與《鴉片日記》（*Opium: The Diary of a Cure*, 1930）的作者，高克多本人並不喜歡同伴。他寫道：「兩人抽鴉片已經很擁擠。三人抽鴉片很困難。四人抽鴉片簡直不可能。」

鴉片煙館內的親密令作家路易斯．拉扎洛斯（Louis Latzarus）震驚，路易斯是法國八卦周刊《瞧！》的作家，他曾以鄙視的口吻描述道：

> 有一天我來到這種場所，好奇地望著那些身穿和服的男女，平時他們只要想到共用湯匙都可能嚇得發抖，如今卻毫不嫌惡地輪流將同一根煙槍放入唇內吸食。他們嚴肅的臉孔令我發噱……，我抽著純正的法國香煙打量他們，看夠了我就起身離去。

「鴉片使橫臥在同一盞燈旁的鴉片煙客心靈合而爲一。
沐浴在濃烈的氣氛中，重聚於鋪滿厚重墊褥的床上，
這是任何人都無法抵抗的眞正連結。或許正因如此，孤獨的煙客非常少。
因爲除了自己以外，他們還會宣揚這種毒品。
顯然每一位上癮的鴉片煙客心中，都有一位哀傷不滿的愛人。

——羅伯特．德西諾，《美酒當前》（*Le Vin est tiré...*）。

《黑色鴉片》

聲名狼藉的《黑色鴉片》(Fumée d'opium) 是克勞德·法瑞的重要作品，內含一系列與鴉片有關的短篇故事，合集於一九〇四年出版。本名佛瑞德烈克·查爾斯·巴根 (Frédéric-Charles Bargone, 1867-1957) 的克勞德·法瑞，根據自己在法國海軍服役的經驗與觀察心得來構思小說，情節如同從煙槍裡縈繞而出的鴉片煙般錯綜迂迴。讀者在閱讀法瑞的小說時神遊中國、西貢、巴黎與土倫的鴉片煙館。法瑞是最迷戀吸食鴉片行為、氣氛與迷煙的作家。閱讀法瑞的作品尤其能體會吸鴉片時漫步虛空的恍惚感覺。

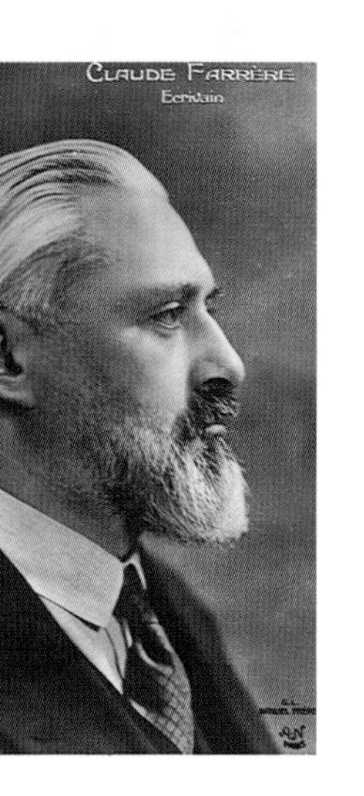

一九五八年，柏克萊大學再版的《黑色鴉片》，以裸女影像製成聳動驚人的封面，暗示吸食鴉片與性高潮之間的關連。不過對男人而言，這跟事實可說是南轅北轍。法瑞曾經反覆描述連續吸食十、二十、六十管鴉片煙槍之後所造成的影響，顯然那些煙客連眨眼都有困難，更不用說要滿足這樣的幻想。他的鴉片煙館裡充滿懶散與尋樂的男女，他們全都倦怠地伸展身軀，只專注於品嚐煙槍。

他抽鴉片嗎？

法瑞是否吸食鴉片？有人引述他的話，說他不曾吸食，但是他書中對吸食鴉片的生動描述又不免啓人疑竇。對鴉片的深入知識、在土耳其的停留經歷，以及到東方的旅程、文學圈中吸食鴉片的好友──愛德蒙·傑洛斯 (Edmond Jaloux, 1878-1949)、詩人圖萊 (Paul-Jean Toulet, 1867-1920) 等許多人。加上1920年宣揚鴉片的小冊子，可能全都是他吸食鴉片的證據。

☆左圖 **克勞德·法瑞。**
曼紐·法瑞斯 (G. L. Manuel Frères) 提供，時間不詳。

☆右圖 **《黑色鴉片》書封。**
克勞德·法瑞的《黑色鴉片》英譯本，1958年柏克萊書封。

「在我的一生中，曾經吸食與自己等重的鴉片，
在自我迷失後抽得更多。鴉片正是造成這一切的原因。」

──克勞德·法瑞，〈紅色宮殿〉(Le Palais Rouge)。

BERKLEY
BOOKS
G-120
35c

THE SHOCKING ECSTASY OF THE FORBIDDEN

BLACK OPIUM

Claude
Farrère

COMPLETE AND UNABRIDGED

在鴉片的世界裡，女性角色相當強烈，彷彿是這種遭到摒棄的惡習和傳統社會潰解的具體呈現，以及墮落的象徵。女性煙客喜歡鴉片煙館的程度更甚酒吧，認爲這裡更能讓人解放，氣氛更歡迎人。鴉片煙館之所以會有激情放縱的溫床之稱，無疑是因爲女性在這裡能表現自我，跟其他同伴混雜相處，臣服於這種催人入眠的毒品中。

身爲鴉片煙客、鴉片煙館主人或亞洲鴉片商妻妾的白種女子，更增添了鴉片煙館行禮如儀的情色意涵，因此也成爲經常去鴉片煙館或憑想像描寫鴉片煙館的作者所偏好的主題。不過她們的出現，特別是在北美保守的觀念下，等於挑明了對嚴格社會紀律的反抗。

美國與加拿大的反鴉片鬥士威拉德．法威（Willard B. Farwell, 1829-1903）與愛蜜莉．莫菲（Emily Murphy, 1868-1933）法官都描寫過有關女煙客受害者的事。莫菲對於年輕女孩川流不息地出現在她的法庭上，感到十分沮喪，她寫道：「你想拯救她們，卻發現要改變她們，簡直跟從肋骨製造夏娃一樣困難。」不過很少有女性會表白自己吸食鴉片煙的動機。女性描寫服用鴉片酊的情形比較多，其次是嗎啡，至於有關女性吸食鴉片的故事與理由幾乎不曾見聞。

女作家筆下的鴉片

聖塔．露易絲．安德生（Santa Louise Anderson, 1846-1949）的〈鴉片夢〉（An Opium Dream, 1879）；賽珍珠（Pearl Buck, 1892-1973）的《龍種》（*Dragon Seed*, 1941）、《群芳亭》（*Pavilion of Women*, 1946）；高萊特（Colette, 1873-1954）的《純潔與褻瀆》（*Le Pur et l'impur*, 1932）。可莉絲．克羅斯比（Caresse Crosby, 1892-1970）的《熱情年代》（*The Passionate Years*, 1979）；項美麗（Emily Hahn, 1901-1997）的〈大煙〉（The Big Smoke, 時間不詳）；毛德．戴佛（Maud Diver, 1867-1945）的《偉大護符》（*The Great Amulet*, 1913）；瑪麗．魯賓遜（Mary "Perdita" Robinson, 1758-1800）的〈瘋子〉（The Maniac, 時間不詳）；格蕾絲．湯姆生．賽頓（Grace Thompson Seton, 1860-1946）的《毒箭：與鴉片夢想者的奇異旅程》（*Poison Arrows: Strange Journey with an Opium Dreamer*, 1938）；梅．邱吉爾．夏普（May Churchill Sharpe）的《五月芝加哥》（*Chicago May: Her Story: Goings on in Limehouse*, 時間不詳）。

★上圖　這位身著華麗的「東方」服飾、擺出抽大煙姿勢的白種女人，實際上拿的是菸草煙管。她的用具包含用來彈煙灰的碟子。

★次兩頁　一系列美國立體卡片，描繪白種女人受到「中國」鴉片煙客的誘惑。這些卡片的販售用意不是爲了激怒衆人，而是用來挑逗。約1910年。

「大多數的女性煙客都是妓女，
而這個階層出現自我毀滅傾向的情況並不罕見，
因此她們吸食鴉片不足爲奇，也無須歸咎於鴉片。」

——坎恩，《中美鴉片吸食大觀》。

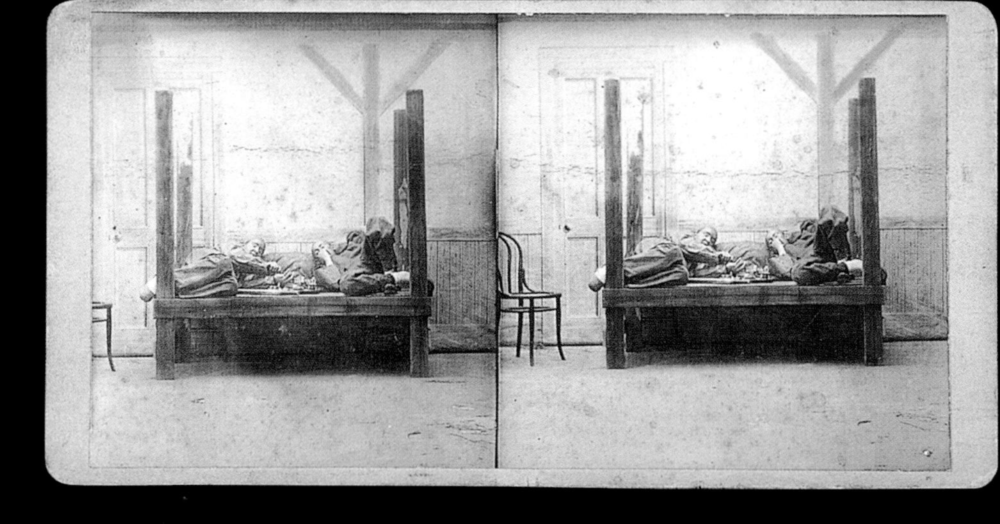

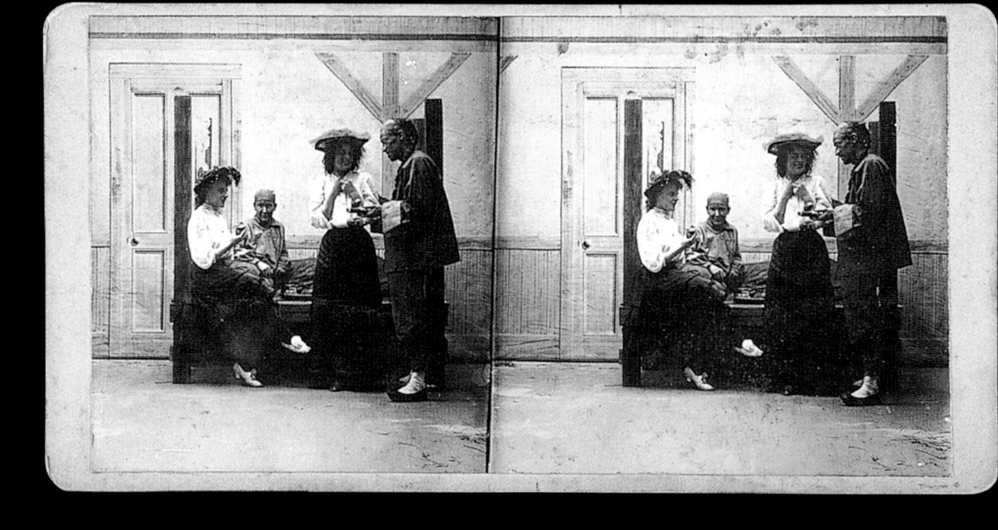

SHANGHI
GAL

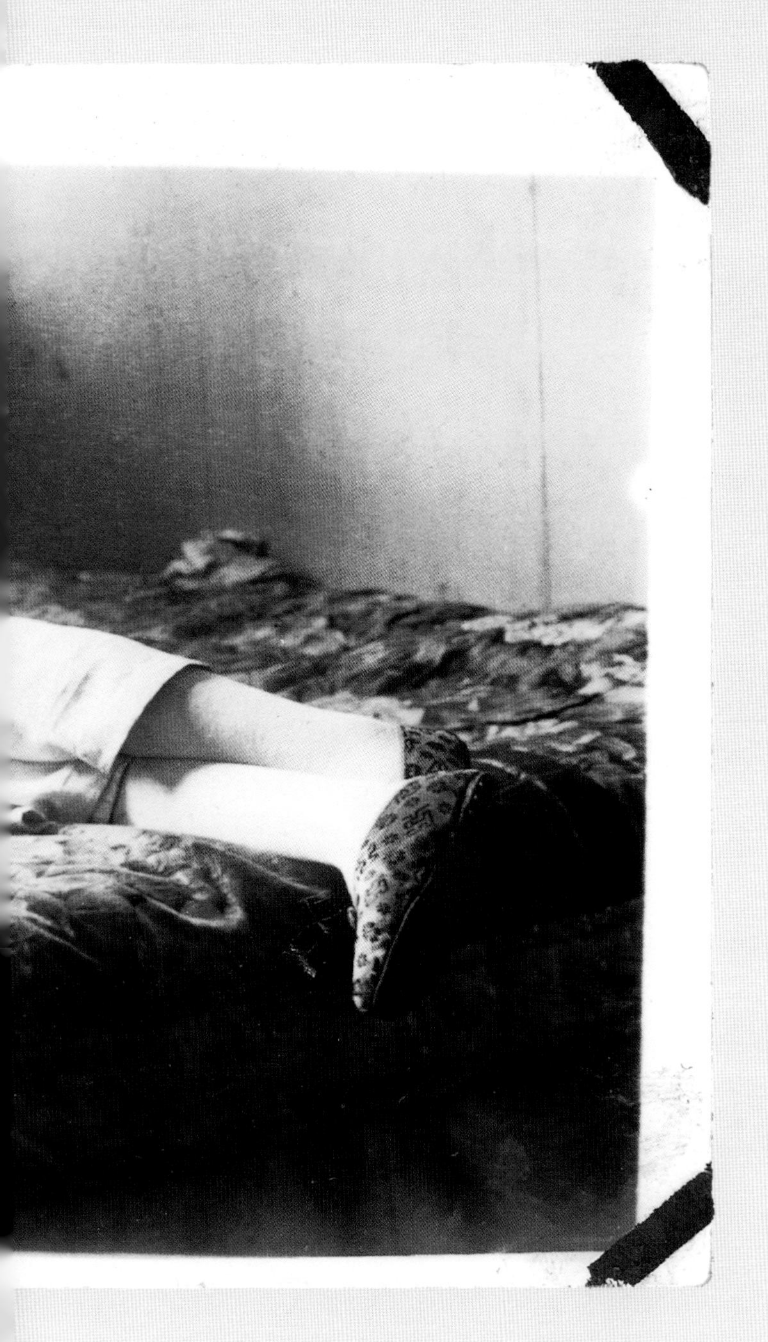

「我一直想染上鴉片癮。」

——項美麗，〈大煙〉。

項美麗
Emily Hahn, 1901-1997

1920與30年代對獨立的年輕女子而言，是相當特別的年代。介於第一次與第二次世界大戰之間的這段期間，是空前自由的時期，才華初露的項美麗也充分加以利用。在威斯康辛大學以首位女性礦業工程師畢業後，她於1930年前往非洲，1935年抵達亞洲。項美麗在二次大戰期間停留中國，寫下無數文章，其中有許多文章投稿《紐約客》(*The New Yorker*)雜誌，包括她的兩次吸毒經驗，〈大煙〉與〈大麻〉。

☆左圖　上海女子。

這位獨自吸食鴉片的女子與其周遭環境的照片，充分展現了鴉片頹廢誘人的精髓。

攝影者不詳，約1920年。

另類鴉片吸食法

在埃及與土耳其，鴉片的吸食方式相當不同。根據《現代埃及習俗》(*The Manners and Customs of the Modern Egyptians*, 1836)一書的作者艾德華．連恩(Edward W. Lane)的說法，埃及人將鴉片摻入印度大麻一起吸食，他們稱為maagoon或barsh。

土耳其與東地中海區國家的人在吸食鴉片時，會將它與菸草混合，一起置於菸草煙管或稱為narguileh的水煙管。無論是以飲用或服用鴉片丸的方式「吃」鴉片的人，經常在當中添加味道，以掩蓋苦味。

在印度，鴉片可以用抽的或吃的，特別是阿薩姆邦的窮人，由於用量太大，引發公眾的關注。生鴉片被煎成膏狀，與蒟醬葉混合，然後放在稱為hookah的竹煙管內吸食。在這裡，吃鴉片的情況比吸食常見得多，可能是因為抽鴉片煙的準備太費工夫。

☆下圖　**土耳其餐館。這群人正在抽水煙管。雖然在這類餐館，菸草是上等菸品，但偶爾也會加上鴉片。**

明信片，洛切特(E.F. Rochat)攝影，君士坦丁堡，約1900年。

☆上圖　攝於印度某村落。照片中央那位坐著的婦女正在抽竹煙管，在印度經常使用竹煙管來吸食鴉片，或跟蒟醬葉一起吸食。時間不明。

☆左圖　印度大麻館。
這是埃及煙館的典型景象。最左邊的男人拿著一種用來吸食印度大麻的改良式水煙管（gôzeh）。根據《現代埃及習俗》的作者連恩表示，這種惡習主要見於低下階層。

約1910年法國製的卡片書冊，標題為《埃及映像》(*Egyptian Types and Scenes*)。

Le Petit Parisien

TOUS LES JOURS
Le Petit Parisien
(Six pages)
5 centimes

CHAQUE SEMAINE
LE SUPPLÉMENT LITTÉRAIRE
5 centimes

SUPPLÉMENT LITTÉRAIRE ILLUSTRÉ

DIRECTION: 18, rue d'Enghien (10e), PARIS

ABONNEMENTS

PARIS ET DÉPARTEMENTS :
12 mois, 4 fr. 50. 6 mois, 2 fr. 25

UNION POSTALE :
12 mois, 5 fr. 50. 6 mois, 3 fr.

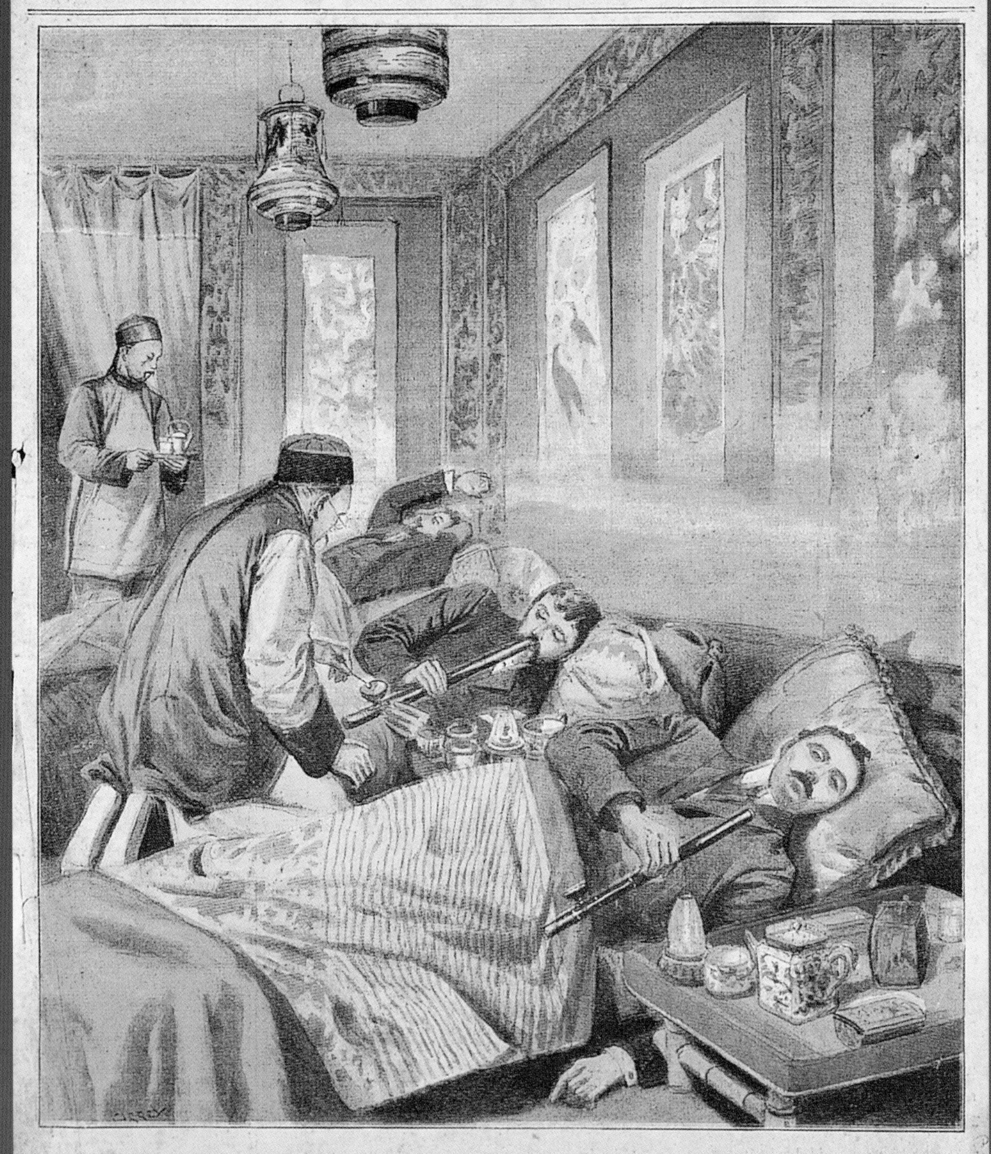

UNE FUMERIE D'OPIUM EN FRANCE

作家繆思

The Writer's Muse

「人生：夢幻／鴉片：眞實。」

——克勞德·法瑞，《黑色鴉片》。

☆左圖　法國的鴉片煙館。簡短的附文表達出對吸食鴉片在法國（特別是地中海岸的土倫）日益流行的情況感到憂心，文中指出「酒精與苦艾已足以摧毀人們的活力，不要讓可悲的鴉片煙客也加入這爲數衆多的行列。」《小日報》封面（署名凱瑞〔Carrey〕），1907年2月17日。

東方生活及那裡隨處可得的毒品在在令歐洲人迷戀，並且透過躍然紙上的描述傳揚開來。前往土耳其的旅行家出版無數關於吸食印度大麻與鴉片的故事。在一七八〇年代造訪君士坦丁堡的阿方斯杜特爵士（Baron Alphonse du Tott），觀察經常前往毒品市場的土耳其鴉片吸食者後表示：「光是他們蒼白消沉的身型就足以令人憐憫，更不用說那長長的頸子、垂向一側的頭、佝僂的背頸、聳至雙耳的尖削肩膀，還有種種因爲病態產生的怪異姿態，呈現出最荒謬的景象。」

法國翻譯家、詩人與劇作家傑哈·狄·賴維爾（Gérard de Nerval, 1808-1855）於一八四三年造訪埃及、黎巴嫩與土耳其，最後寫成《東方之旅》（*Voyage en Orient*），書中大多是帶有想像色彩的故事。其中一篇名爲〈印度大麻〉（Hashish）的故事，描述一位疲憊困頓的伊斯蘭旅者，在別人提供印度大麻時，先是加以拒絕，表示那是違禁物品。當對方表示「快樂的泉源總是禁忌」之後，他的態度開始軟化，並且嘗試印度大麻，後來他宣稱「印度大麻讓你飄飄欲仙」。

一八五七年，作家高提耶出版《君士坦丁堡》，描述他從馬爾他前往土耳其的旅程。他經常來到伊斯坦堡的斯庫台里墓園，享受那裡的「浪漫魅力」以及坐在墳墓上吸大

夏多布里昂
François René de Chateaubriand, 1768-1848

法國作家夏多布里昂描寫他在1806年的中東之旅：「我們抵達美尼曼（Menemen）的驛站時，已是午夜……，土耳其商賈圍在火爐邊，盤腿坐在地毯上，奴隸們就著爐火準備肉飯，其他旅者在驛站門邊抽煙管、吸食鴉片與聽故事。」

☆上圖　**夏多布里昂肖像的雕版畫。他的作品《從巴黎到耶路撒冷》（*Itineraire de Paris a Jerusalem*, 1811）影響了當代許多作家。**

《瑞佩斯世界史》（1899, p.464）。

煙的機會，「這種舉止（在巴黎）會被視為不敬。」曾在一八四〇年代嘗試印度大麻與鴉片的高提耶，也寫道：「我沉溺在菸草的甜蜜中，任身軀因疲憊和煙斗中摻了鴉片的菸草而泛著些許麻木。」

嘗試印度大麻與鴉片，對高提耶的影響甚鉅。他於一八三八年寫下幻想短篇故事〈鴉片煙槍〉（La Pipe d'opium），後來又寫了兩篇小說〈大麻〉（Haschisch）與〈大麻俱樂部〉（Le Club des Haschichins）。

儘管吸食鴉片在亞洲已經是遺毒甚久的惡習，但在歐洲卻還不是那麼嚴重，排在鴉片酊與嗎啡之後。

在法國，建築、文學與藝術具體呈現出對異國事物的渴求，孕育出嘗試毒品的心態。

高提耶與傑哈．狄．賴維爾將他們對鴉片的迷戀與東方的生活方式帶回法國。作家暨攝影師身分的都坎普（Maxime Du Camp, 1822-1894）在這方面也多所貢獻，他曾是福樓拜（Gustave Flaubert, 1821-1880）的旅行同伴。都坎普的小說《自殺的回憶》（*Mémoires d'un suicidé*）就是從他於一八四九年到一八五一年的中東之旅汲取靈感，內容描寫一位自殺的鴉片客。

大約在一八四五年時，許多作家組成大麻俱樂部，以嘗試印度大麻與鴉片為宗旨。聚會地點選在畫家佛南德．波耶沙（Fernand Boissard de Boisdenier, 1813-1866）位於聖路易的公寓，常客包括作家賴維爾與高提耶，以及巴爾扎克（Honoré de Balzac, 1799-1850）、波特萊爾與阿爾方斯．卡爾（Alphonse Karr, 1808-1890）、藝術家德拉克洛瓦（Eugène Delacroix, 1798-1863）與奧諾黑．杜米埃（Honoré Daumier, 1808-1879）。

嗎啡

法國小說家儒勒．凡爾納（Jules Verne, 1828-1905）在腿部被姪兒蓋斯通（Gaston）開槍射傷後，使用嗎啡減輕疼痛時，寫出詩作〈嗎啡〉（A la morphine, 1886）。

☆上圖 **高提耶。**
都坎普的《高提耶傳》（*Theophile Gautier*, 1907），標題頁。1866年攝，攝影者不詳。

法國小說家儒勒．凡爾納（Jules Verne, 1828-1905）以短篇小說〈一位中國人在中國的苦難〉（The Tribulations of a Chinaman in China），嘗試創作「東方」小說。故事內容描述上海的中國商人金福，試圖以吸食過量鴉片煙來自殺。在《環遊世界八十天》（*Around the World in Eighty Days*）中，斐利亞．福克（Phileas Fogg）的助手派士普特（Frenchman Passepartout）吸食敵人給的鴉片煙而昏倒香港，險些讓斐利亞環遊世界的賭注付諸流水。

尚．羅杭（Jean Lorrain, 1855-1906）曾旅行北非，在短暫多舛的一生中創作豐富。他的小說《帕卡斯先生》（*Monsieur de Phocas*, 1901）描述一名男人因為精神病態而被迫尋求解脫。朋友深信「他的眼睛肯定是鴉片煙客的眼睛。他的血管裡滿載對大麻的迷醉。鴉片就像梅毒一樣……，存於血液中經久不散。」儘管故事背景設定在巴黎，但全書仍充滿東方的淫慾。

精力充沛的法國作家阿波里奈爾（Guillaume Apollinaire, 1880-1918）在一九一〇年左右於蒙馬特區時，偶爾會吸食鴉片，到了一九一四年在尼斯時，就已經是鴉片常客。此時他迷戀科利涅-夏提庸的露意絲（Louise de Coligny-Châtillon），露意絲也很愛他，不過僅限於在鴉片館內；一出了鴉片館，她似乎只剩憎惡之情。阿波里奈爾曾寫給露意絲一封封熱情痛苦的情書，也了解她的感覺：「他知道，對她而言，只有在他們共同吸食鴉片時，他才存在。」

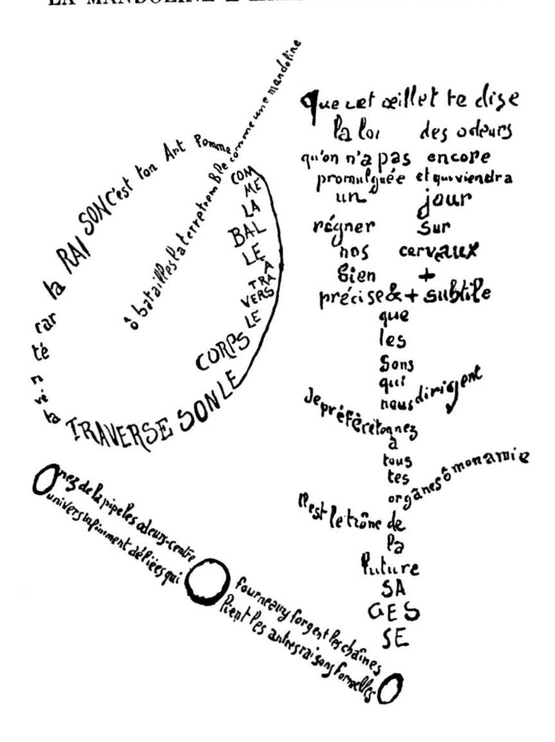

★下圖　〈曼陀林康乃馨與竹〉（La Mandoline I'œillet et le Bambou），阿波里奈爾的圖形詩，約1914年。

★右圖　墓地鴉片館。1933年10月22日《畫報雜誌》的封面標題：「朋友齊聚悼念伊斯坦堡富有的鴉片商艾芬迪……，他們在墓園碰面，並在墳上吸食鴉片煙」

TOUS LES DIMANCHES
DU PETIT JOURNAL
ET SON SUPPLÉMENT AGRICOLE
GRAND HEBDOMADAIRE POUR TOUS
50 c.
22-10-33

UNE FUMERIE D'OPIUM SUR UNE TOMBE

ki Effendi, riche marchand d'opium de Stamboul, étant décédé subitement, ses amis, pour honorer mémoire, s'assemblèrent au cimetière d'Eyoub, où il était inhumé et organisèrent une fumerie sur son tombeau.

波特萊爾
Charles Baudelaire, 1821-1867

「勝過忠貞、鴉片
與夜，
我渴望品嚐你那
炫耀愛情的
雙唇。」

——《惡之華》

波特萊爾為詩集《惡之華》(*Les Fleurs du Mal*, 1857)的作者，是十九世紀法國對毒品認知的重要推手。他將英國作家德昆西的《一位英國吸食鴉片者的告白》以及美國作家愛倫坡的作品譯成法文，並且為《當代雜誌》(*Revue contemporaine*)撰寫鴉片與印度大麻的論文。這些文章後來集結出版為《人造樂園》(*Les Paradis artificiels*, 1851)，該書經常被拿來和《告白》相提並論，不過〈論酒與印度大麻〉(On Wine and Hashish)與〈印度大麻〉(Hashish)並未討論到鴉片，而〈鴉片吸食者〉(An Opium Eater)的內容大多只是對德昆西的作品的感想。

☆底圖　**波特萊爾。**
《惡之華》，1857年，標題頁。查爾斯·惠特曼(Charles Wittmann)根據依提奈·卡加(Etienne Carjat)攝影雕版。

☆右圖　**波特萊爾的照片。**
《羽》(*La Plume*)，1903年6月1日。

波特萊爾是想像力豐富且精力旺盛的人，偶爾會參加大麻俱樂部的聚會，不過他並不抽鴉片煙，而是染上鴉片酊癮。

在《惡之華》詩集中提及鴉片的詩，包括獻給都坎普的〈旅程〉(Le Voyage)，以及宣稱「鴉片能無限擴展空間／延伸無限」的〈毒藥〉(Le Poison)。

波特萊爾大器晚成，經常入不敷出，必須向母親或其他親戚借錢來維持奢侈的生活。性病重創了他的健康，使他衰弱不堪，最後甚至半身不遂。雖然鴉片不是用來治療梅毒，但也常被推薦使用，以便抵消治療梅毒的水銀對腸道造成的腹瀉作用。根據傳記作家克勞德．皮丘斯(Claude Pichois)的說法，波特萊爾每天都會服用鴉片酊，並把鴉片比喻為一位女性朋友，「一位老損友，唉！如同所有的損友，總是撫慰與欺瞞。」

一八六二年起，波特萊爾的健康每況愈下，經常罹患感冒、頭痛、發燒與風溼，簡直就成了藥罐子。他經常服用含有鴉片、拔地麻、洋地黃與奎寧的藥丸，而且因為已經染上鴉片癮，還必須服用雙份的劑量。波特萊爾死於一八六七年九月。

「聰明大膽、愛好失序的人，逃離命運羈絆的人群，

在鴉片的無垠中尋求慰藉！」

——波特萊爾，〈旅程〉。

畢卡索（Pablo Picasso, 1881-1973）也曾參與阿波里奈爾的蒙馬特社交圈，根據高克多的引述，畢卡索曾說過「鴉片有全世界最不蠢的氣味。」另外一位藝術家法蘭西斯·畢卡比亞（Francis Picabia, 1879-1953）則在顯然是自傳性的小說《旅店》（*Caravansérail*, 1924）中，寫到在塞拉芬斯旅館抽大煙的情形，那裡的「二樓完全供鴉片煙客使用，讓一樓和三樓的房客得以享受美好的平靜。」

天啊，再來根煙槍。
這次讓我感受甜蜜在升起的金煙中
睡眠的腳步銷聲。不，停駐，天啊，
你難道沒聽到
敲打黑檀木門的靜默之神？

——法國詩人圖萊，《反對音韻》。

詩人圖萊（Paul-Jean Toulet, 1867-1920）以充滿鴉片煙霧的詩集《反對音韻》（*Les Contrerimes*）而聲名大噪。圖萊的旅遊經驗豐富，曾經造訪過阿爾及利亞、西班牙、新加坡和印度支那，他是追求享樂的人，有喝酒的習慣，嘗試過鴉片與乙醚。在嘗試過印度大麻後，他宣稱：「我終於知道死亡的滋味！」不過他偏愛鴉片，並成爲世所公認的鑑賞家，因此當高萊特的丈夫亨利·高蒂耶–維拉（Henri Gauthier-Villars, 1859-1929）寫《鴉片鬼雷利》（*Le'lie, fumeuse d'opium*, 1911）這部小說時，才會諮詢他的專長。

法國詩人莫理斯·麥格雷（Maurice Magre, 1877-1942）也是受到鴉片影響的作家，他的詩集《鴉片之夜》（*Les Soirs d'opium*）裡充滿無道德感的誘惑、肉慾橫流，證明他無可自拔地沉迷於毒品。

安德烈·賽蒙(André Salmon, 1881-1969),作家和藝術評論家,可能也是最愛藉名人自抬身價的法國人。他曾經跟抽鴉片煙的作家雷納·達利茲(René Dalize),到巴黎蒙梭公園附近嚐過一些貝那拉斯鴉片。他抱怨說,雖然這家鴉片煙館滿高級的,但有位富有的顧客不停騷擾他們。達利茲是海軍官員和作家,他的錢不多,但平日還抽得起鴉片煙,因爲根據賽蒙的觀察結果,「在一九一四年前,抽大煙比上咖啡館還便宜。」賽蒙也和圖萊抽鴉片,根據賽蒙的說法,圖萊抽起鴉片中規中矩,不會假稱出現幻覺、狂喜或其他愚蠢的文學虛假現象。

《于布王》(*Ubu roi*)一劇的作者雅爾斐德·傑瑞(Alfred Jarry, 1873-1907)嗜食苦艾,但也嘗試印度大麻與鴉片。他的〈鴉片〉(L'Opium, 1893)描述晦澀陰森的故事,開場就是由敘事者親身來到停屍間(在十九世紀的巴黎,逛停屍間是常見的休閒活動)。在經過一系列怪異的遭遇後,他發

★下圖 **雅爾斐德·傑瑞。**
《雅爾斐德·傑瑞,于布之父的一生》(*Alfred Jarry ou la Naissance, la Vie et la Mort du Père Ubu*, 1932),攝影者與日期不詳。

現自己正搭乘來自鴉片之鄉的火車，然後聽到歡鬧的吟誦聲，還看到由紅衣主教和主教組成的樂團，教皇還親自打拍子。然後牆倒下；圓頂如氣球般升空；柱伸長，撐開「巨大的建築」。突然間，敘事者發現自己又回到凡間肉身，得再來一管鴉片煙。

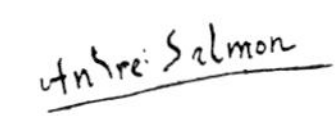

☆左圖 畢卡索的安德烈·賽蒙畫作，1904年。

☆右圖 高克多《鴉片日記》的第31號圖。

高克多(Jean Cocteau, 1889-1963)集詩人、作家、製片家、小說家與藝術家於一身，他的想像力無疑是經常造訪鴉片世界的結果。高克多在一九二八年到聖克勞德診所去時，已經是老練的鴉片煙客，後來他寫下《鴉片日記》(*Opium: The Diary of a Cure*)這部作品。這是一部駭人聽聞的書，但並不是因為高克多在住院時所描繪的撼人影像。

高克多在診所停留的時間久到令人生厭，不過他在離開時留下的詞句，讓人對治療的成效產生懷疑：

剝削我的工作需要鴉片；它需要我離開鴉片；再一次，我可能又會身陷其間。我不禁自問，是否該吸食鴉片？

……如果工作需要的話，我會吸食鴉片。

而且鴉片要我這麼做的話。

鴉片的確要他這麼做。高克多重回吸食鴉片的路，繼續創作震驚世人的作品。

下一波的鴉片作家包括羅伯特·德西諾（Robert Desnos, 1900-1945），他曾寫下個人對古柯鹼、海洛因與鴉片的認識。他的小說《美酒當前》以三〇年代爲背景，描述一群吸毒的巴黎年輕人，書中充斥著毒品。

☆上圖　高萊特。
時間不詳，亨利·曼紐耶（Henri Manuel）攝影。

法國詩人吉伯特-勒康特（Roger Gilbert-Lecomte, 1907-1941）是時事諷刺劇《偉大的比賽》（*Le Grand Jeu*）的創始者，也是詩作〈鴉片夢〉（Rêve opiace, 1924）及故事〈眠夢之神，墮落之神〉（Monsieur Morphée, empoissoneur public, 1930）的作者。他跟朋友及同事之間的通信，有幻覺漸增的情形，他寫到關於抽「菸草鴉片」的經驗，並且經常將鴉片稱爲「黑神」（le Dieu noir）、「皇后」（la Reine）、「偉大菸草」（le Grand Tabac）與「黑色血液」（le sang noir）。勒康特曾嘗試戒鴉片癮，不過最終反而改成注射嗎啡，因爲嗎啡比較便宜，而且比抽鴉片煙更有效。

高萊特（Colette, 1873-1954）在小說《純潔與褻瀆》（*Le Pur et l'impur*）中，描述巴黎的一家鴉片煙館：「我想大概會很無聊，於是坐在分配給我的墊上，看著鴉片煙浪費慵懶地往上飄，彷彿很懊惱地撞上天窗玻璃。」

鴉片的吸引力並不只限於文學圈。水手將吸食鴉片煙的習慣從視爲禁忌的遠東地區帶回，一些港口，如布勒斯特、南特、瑟堡港、土倫、馬賽，都因爲他們而建立起無數的鴉片煙館。根據《鴉片的悲苦時代》（*La Belle époque dópium*）的作者列德科克（Arnould de Liedekerke）的紀錄，到了一九〇五年，土倫小鎮的鴉片煙館已經超過兩百家。

到了十九世紀末，法國各地的鴉片館如雨後春筍般林立。根據尙傑克．伊佛瑞爾（Jean-Jacques Yvorel）在《心靈之毒》（*Les Poisons de l'esprit*）中引述的多個資料來源，相互矛盾的報導宣稱，到了一九〇五年，巴黎的鴉片館從五十六家到超過一千二百家不等。

法國海軍吸食鴉片的情形相當嚴重，成爲一些文章批判的對象，例如《鬼臉雜誌》（*La Grimace*, 1917）。另外也成爲不少小說的主題，包括克勞德．法瑞（Claude Farrére）的小說《文明人》（*Les Civilisés*, 1905）與《小同盟》（*Les Petites alliées*, 1908）。克勞德．法瑞曾任海軍軍官，也是小說家。

法瑞曾試圖遊說法國政府深入調查鴉片問題，但未獲得任何官方的支持。他同時也譴責法國人的僞善，一方面讓涉及吸食鴉片的海軍軍官斷送前程（如果在個人姓名旁加上鴉片煙客的縮寫FO〔fumeur d'opium〕，等於宣告職業生涯的結束），另一方面又授權在印度支那銷售鴉片。

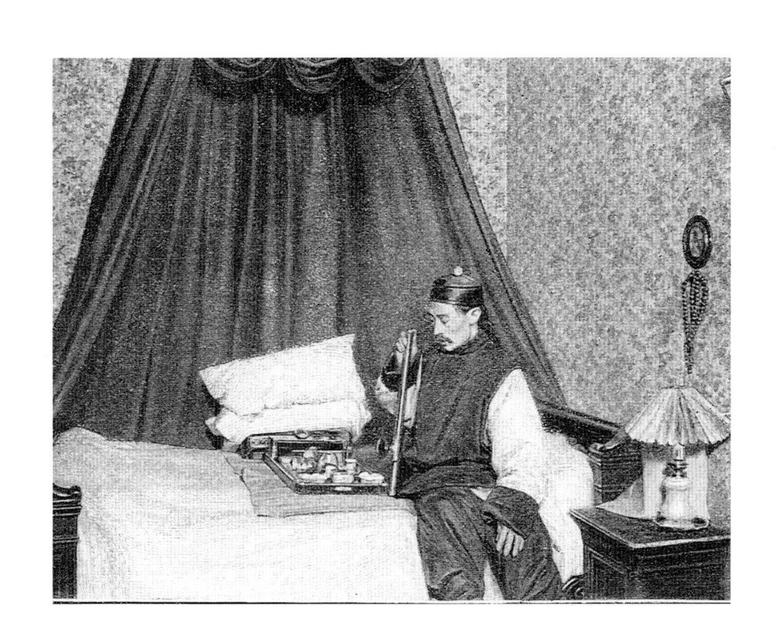

☆右圖　**此照片的原標題爲：「在一個附家具的巴黎公寓裡，一位中國人在破舊的房間裡，替染上此致命惡習的受害者準備一些煙槍。」**

《讀書雜誌》〈亞洲罌粟：黃種人的死亡之花〉(1899, p.502)。

《鬼臉雜誌》

一九一七年，以諷刺文學、政治、文學與戲劇為主的周刊《鬼臉雜誌》(*La Grimace*)，刊登了一篇標題為〈軍隊的毒藥〉(Les Empoisonneurs de l'Armée)的文章，這是一系列有關軍官染上鴉片癮的深入報導之一，其中包括沉迷毒品的高官子弟、變節的軍官羅伯特(Robert S.)，還有布勒斯特港一位叛逃的尉官。他們是小偷與間諜，全都在行動受到鴉片控制時被捕。一般市民也淪喪在這種不道德的世界裡；毒販，特別是女性毒販，以士兵為販售對象，而以走私方式供貨的現象與日俱增。

這篇文章的作者李奧．波迪斯(Léo Poldés)指出，毒品問題因嗎啡與古柯鹼唾手可及而更加猖獗。他宣稱這些毒品是由德國製造，這一點顯然剛好踩到痛處，因為當時正值第一次世界大戰期間。他列出一些因吸毒過量致死的名單，同時質疑有多少飛行員是因為吸毒恍惚而墜機。他的質疑並非無的放矢。一九〇七年，法國海軍船艦「尼夫號」(La Nive)就是在染鴉片癮的軍官指揮下發生意外。

巴黎鴉片館

幾家巴黎鴉片館（每個地址最後面的數字代表地區，即郡／區）：17, quai d'Anjou, Île Saint-Louis，L'hôtel de Pimodan，大麻俱樂部所在地(4th)；place Blanche(9th)；Ternes(17th)；rue de la Huchette (5th)；Saint-Ouen；(17th)；blvd.Thiers(16th)；rue Soufflot (5th)and rue de la Tour，第一家由中國人經營的鴉片館，於1880年由Tsin Ling開設(16th)。

☆右圖 **「終極武器：毒品女王！」**
《鬼臉雜誌》封面，1917年7月22日，喬治．葛洛斯(Georges Gros)繪。

DEUXIÈME ANNÉE N° 41 — Le Numéro : 10 centimes — Dimanche 22 Juillet 1917

La Grimace

Comité de Direction :
AMÉDÉE PEYROUX
TURMEL
CHARLES BERNARD
députés.
& LÉO POLDÈS

Hebdomadaire
SATIRIQUE, POLITIQUE, LITTÉRAIRE, THÉATRALE

Abonnement : 6 fr. par an.

Directeur Artistique :
GEORGES GROS

BUREAUX :
37, Rue de la Chaussée-d'Antin
PARIS (IXe)
Téléph. Gutenberg 37-53

FUMERIES D'OPIUM, PAR GEORGES GROS

Leur dernière arme : Sa Majesté la Drogue !

英國作家自十七世紀以來，就已經拿食用鴉片大做文章，其中最著名的當屬約翰・德萊敦（John Dryden, 1631-1700），他在《押沙龍和亞希多佛》（*Absalom and Achitophel*, 1681）中，以諷刺手法描寫詩人湯瑪斯・謝德威爾（Thomas Shadwell, 1642?-1692）的鴉片癮。不過眞正替這類文體定調的人，是鴉片酊癮君子德昆西。

★上圖　厄尼士・道森。
這張照片顯然是道森在牛津就讀時拍攝的，攝影者不詳。

在英國的文學圈，抽鴉片煙的行爲少見得多，但仍有作家與藝術家沉迷其中，例如王爾德（Oscar Wilde, 1854-1900）、厄尼士・道森（Ernest Dowson, 1867-1900）、亞瑟・西蒙（Arthur Symons, 1865-1945）與奧卜里・畢爾茲利（Aubrey Beardsley, 1872-1898）。他們誇耀自己的頹廢，並嘗試使用鴉片、苦艾與印度大麻。

小說家與劇作家王爾德在法國大受歡迎，曾被譽爲一八九一年巴黎文學界的「重大事件」，他大膽地吸食摻入鴉片的菸草及喝苦艾，以彰顯自己的玩世不恭心態。在王爾德的《格雷的畫像》（*The Picture of Dorian Gray*, 1891）一書中，格雷在生命崩潰時還抽著鴉片煙，表示「只要還有這東西可抽，就不需要朋友。我想我已經有太多朋友。」

「吃鴉片，將砒霜摻入酒。

沒有筆墨，你依舊可活。」

——約翰・德萊敦，《押沙龍和亞希多佛》。

湯瑪士·德昆西
Thomas De Quincey, 1785-1859

英國作家與哲學家德昆西以他的《一位英國鴉片吸食者的告白》打開毒品文學的洪流。由於健康不佳（勤奮苦讀的結果）、生活一成不變、貧困與沮喪，使他吸食鴉片。他痛苦地描述自己的童年生活、慢慢上癮的過程，與鴉片詩人柯立芝（Samuel Taylor Coleridge, 1772-1834）之間的文學競賽，以及他如何掙脫長達十七年的鴉片控制。他對數代的作家造成影響，其中列舉一二，包括阿爾弗雷特·德·繆塞（Alfred de Musset, 1810-1857）、傑哈·狄·賴維爾與波特萊爾。

有不少人模仿他寫出令人難忘的作品，例如威廉·布雷爾（William Blair, 1817-1862）的〈美國鴉片吸食者〉（An Opium-Eater in America, 1842），以及佚名作者的〈一位年輕女士染上鴉片酊癮的自白〉（Confessions of a Young Lady Laudanum-Drinker, 1889）。

其他的英國作家包括謝德威爾、威基·柯林斯（Wilkie Collins, 1824-1889）、牧師喬治·克瑞伯（George Crabbe, 1754-1832）、布朗寧夫人（Elizabeth Barrett Browning, 1806-1861）、弗朗西斯-湯普森（Francis Thompson, 1859-1907）、詹姆士·湯姆森（James Thomson, 1700-1748）與約翰·濟慈（John Keats, 1795-1821），在嘗試鴉片酊或以它來治療疾病方面，是箇中好手。嗎啡則較受女士青睞及絕望者偏好，因為它的效果迅速。法國詩人史丹尼斯拉斯·格達（Stanislas de Guaita, 1861-1897）、艾都爾·杜布斯（Edouard Dubus, 1864-1895）與駱朗·泰海（Laurent Tailhade, 1854-1919）據說都有嗎啡癮。作家莫泊桑與尚·羅杭可能偶爾使用嗎啡。

★上圖　**德昆西。**

本書於1962年登上大銀幕，片名爲《一位鴉片吸食者的自白》(*Confessions of an Opium Eater*)。場景設定在1890年代的洛杉磯，由文生·普來斯(Vincent Price)飾演德昆西，不過本片與出版的著作幾乎毫無關聯。

亞歷山大·賈伯（Alexander H. Japp）的《湯瑪士·德昆西》（*Thomas de [sic] Quincey*, 1890），標題頁。

道森是〈苦艾頌〉(Absinthia Taetra)的作者，現在已鮮爲人知。他不敵苦艾與鴉片的魅力，三十三歲時就因健康受創至死。

另一位受到毒品影響的英國作家亞力斯特・克勞利(Aleister Crowley, 1875-1947)，是一位神祕學家、詩人及半自傳性的小說《毒蟲日記》(*Diary of a Drug Fiend*, 1922)的作者，這本小說完整描寫海洛因與古柯鹼的世界。由於克勞利偏好怪異神祕的事物，大方地接受黑色魔法、吸食毒品以及性自由，因此人們不視其爲作家，甚至一度將他貼上「全世界最邪惡之人」的標籤。克勞利嘗試過鴉片、乙醚、古柯鹼、印度大麻與嗎啡，在他死時，已經養成每日注射海洛因的習慣，這對大多數的上癮者來說都可能致命。

格雷安・葛林(Graham Greene, 1904-1991)的小說《沉靜的美國人》(*The Quiet Amencan*, 1955)，反映出他在印度支那時吸食鴉片的經驗，他曾在一九五一年寫信給母親，告訴她自己第一次嘗試吸食這種毒品，並且說自己「滿喜歡的」。根據他的傳記作者諾曼・薛利(Norman Sherry)表示，葛林積極地吸食鴉片，拿它來克服沮喪，但他從未曾讓鴉片控制他的生命。

薩克斯・洛馬及湯瑪士・柏克(Thomas Burke, 1886-1945)也是寫過鴉片的英國小說家；他們的作品將在下一章討論。

整體看來，美國作家並不屬於鴉片煙迷；十九世紀提到鴉片的美國小說，大多與新近抵達的華人世界有關。不過有些作家會以鴉片爲小說與詩的素材，例如愛倫坡(Edgar Allan Poe, 1809-1849)、帕克・巴涅茲與拉夫卡弟歐・賀恩(Lafcadio Hearn, 1850-1904)。

亞瑟·西蒙
Arthur Symons, 1865-1945

詩人亞瑟·西蒙曾經嘗試鴉片、印度大麻與苦艾。他將波特萊爾的《人造天堂》與其他作品翻譯成英文，並寫出受毒品影響的詩作，包括〈苦艾酒客〉(The Absinthe Drinker)、〈罌粟之歌〉(The Song of the Poppies) 與〈鴉片煙客〉(The Opium-Smoker)。

〈鴉片煙客〉

我陷溺在甜美如
香水的柔和音樂，甜蜜的金光
伴著聽得見的美妙氣味，
以永恆的壽衣包覆著我。
時光不再。我駐足但也逃離。
百萬年的歲月如夜般圍繞著我。
我汲取百萬年的喜悅。
將未來存入記憶。

我還有這租下的閣樓，
稻草床，還有這張椅，
疲憊的身軀猶如破爛的帳篷，
這麵包皮，已被老鼠啃過，
這管鴉片；充滿憤怒、懊悔、失望；
這典當的靈魂與錯亂的心。

☆上圖　亞瑟·西蒙。
佛烈德瑞克·伊凡斯 (Frederick H. Evans) 攝。《西蒙詩集》(*The Poems of Arthur Symons*, 1924)，標題頁。

一般常認爲愛倫坡有鴉片癮，但是我們幾乎可以確定他未曾吸食鴉片。據傳他曾經悲慘地試圖以鴉片酊自殺，卻失敗了。不過這是一次獨立事件，他選擇用來毒害自己的毒藥，其實是酒精。愛倫坡的小說瀰漫著鴉片的氣息；他的英雄與英雌睏倦頽靡，沉浮於野蠻的生活中，受盡黑暗的鬼魂、慘白的燈光、毀滅與絕望糾纏。他直接提到鴉片的作品包括〈麗姬亞〉（Ligeia）、〈亞夏家的崩塌〉（The Fall of the House of Usher）、〈瓶中手稿〉（MS Found in a Bottle）與〈嶙峋山脈的故事〉（A Tale of the Ragged Mountains）。

詩人暨《玉之書》（*The Book of Jade*, 1901）的作者帕克·巴涅茲（Park Barnitz, 1877-1902）生平不明。根據佚名傳記作者簡短的注解，他徹底地墮落，由於輕率地濫用人類所知的各種毒品，年紀輕輕就死亡。他的詩中充斥死亡，而鴉片在他的一生中扮演重要角色。

☆左下圖　**愛倫坡。**
理查·亨利·史塔達（Richard Henry Stoddard）的鋼版雕刻。《愛倫坡作品集》（*The Works of Edgar Allan Poe*, 1884）。

☆右上圖　**少女愛咪·波頓（Amy Burton）及她染上海洛因毒癮的「眞實」故事。**
大衛·赫布瑞德的《H代表海洛因》，Popular Library出版，1953年。

☆右下圖　**大衛·道奇的《這不是錢》描述的是洛杉磯大麻走私的情形，但這裡的「hay」指的不是「大麻」，而是金錢。**
Dell出版，1946年。

「在鴉片的束縛下，我成爲認命的奴隸，
滿身的勞役與命令使我的夢想失色。」

——愛倫坡，〈麗姬亞〉。

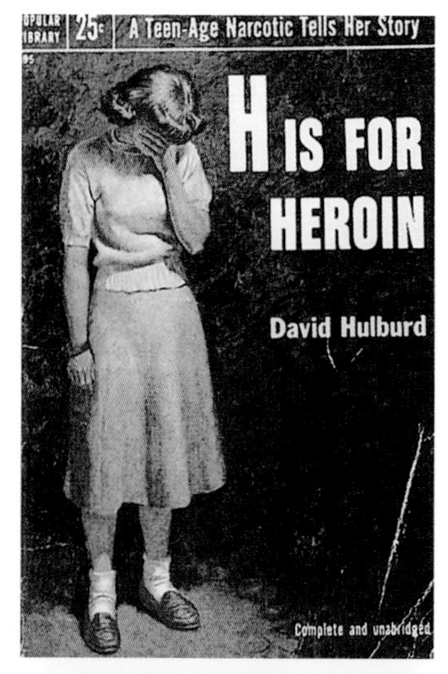

二十世紀的美國毒品文學隨著鴉片、嗎啡、海洛因與古柯鹼的犯罪而成長。鴉片的煙槍與儀式準備起來太費時間，煙與氣味更是明顯，因此被比較便宜、效果較好的「M」（嗎啡）、「H」（海洛因）與「C」（古柯鹼）取而代之，為原本就令人印象深刻的毒品字彙加入全新的字詞。「雪花」（Snow）不再是冬天飄落地面的白色物質，而是「雪鳥」（snow birds, 指染上古柯鹼和嗎啡癮的人）吸食的白色物質。「High」（精神恍惚的狀態）跟高度無關；「冷火雞」（cold turkey, 突然斷絕毒品的狀態）不是三明治裡夾的食物；「to score」（非法拿到麻醉毒品）不是指比賽裡累積分數。

威廉・布洛（William Burroughs, 1914-1997）體察民情的著作《毒蟲與裸體午餐》（*Junkie and Naked Lunch*）、尼爾森・艾格倫（Nelson Algren, 1909-1981）的《金臂人》（*The Man with the Golden Arm*）、威廉・艾里希（William Irish, 1844-1882）的《大麻》（*Marijuana*）、大衛・赫布瑞德（David Hulburd）的《H代表海洛因》（*H is for Heroin*）、大衛・道奇（David Dodge, 1910-1974）的《這不是錢》（*It Ain't Hay*），以及法蘭克・坎恩（Frank Kane, 1912-1968）的《罪惡邊框》（*The Guilt Edged Frame*），比過去以毒品為主題的作品，更能讓這些毒品的語言與文化長存於世。

「當然我愛看。我當然愛看它的影響，海洛因的確有這個力量——但是它還不夠看——嗎啡才夠瞧。」

——尼爾森・艾格倫，《金臂人》。

唐人街角

Chinatowns

「男男女女，純潔或剛下海的年輕女孩、無情的妓女、不良分子、
年輕的職員與跑腿的男孩　，以及無業的年輕人，
在後面的洗衣房裡一同吸食鴉片，這裡是唐人街粗鄙的鴉片館，
藏污納垢，歹徒橫行。」

——坎恩，《中美鴉片吸食大觀》。

☆左圖　葛斯塔夫・杜爾（Gustave Dore, 1823-1883）所繪的「艾德溫・德魯德之謎」（The Mystery of Edwin Drood）。1872年，杜爾與布蘭卡・傑洛（Blanchard Jerrold, 1826-1884）製作一本由素描與觀察結果構成的書冊，《倫敦朝聖之旅》（*London: A Pilgrimage*）。這幅「東區鴉片館」的木刻畫靈感來自他們的親身體會，以及狄更斯未完成的同名小說。

唐人街起源於北美洲的西岸，從一八五〇年代中國勞工抵達舊金山開始。華工從加州朝波特蘭、西雅圖、溫哥華與維多利亞市移動，後來抵達東岸；主要來自廣州地區，受到金礦區或鐵路的穩定工作吸引而來，不過薪資遠低於白人。他們在貧窮與種族主義的逼迫下，生活悲慘，而不能把老婆與家人一起帶來，更讓他們只能短暫停留。澳洲與紐西蘭的中國移民也經歷過類似的狀況。

唐人街很快成爲眾多新聞報紙、雜誌文章、社會調查與政府研究的重點，更是無數反煙人士的目標，大部分的原因出自偏見與鴉片的詛咒。

白人並非沒有毒品問題；含大量酒精和（或）鴉片的專利藥物很普遍。當時沒有一般消費者可取得的鴉片藥物清單，不過根據我在對祕方書籍、專利藥物的應用與廣告做過初步調查後發現，含鴉片成分的藥物遠超過兩百種。許多專利藥物的成分都嚴加保密，以防他人盜用配方，因此許多使用者可能根本不知道自己在服用毒品。無論是有心或無意，其實遠在中國人抵達之前，吸食毒品就已深植於北美。即使偶然出現醜聞與調查的情事，密醫一直到二十世紀都還在推銷摻鴉片的藥物。觀察家曾試圖估算在一定時間內，唐人街內鴉片煙客及上癮居民的數量，不過報紙、反煙人士與政客所列舉的數字似乎沒有實際的事實根據。一八八五年，舊金山激進的反唐人街運動家威拉德．法威（Willard B. Farwell），嘗試計算各個旅館內的鋪位，卻震驚地發現許多鋪位是由三、四個人輪流使用。

☆右圖　**舊金山海關的中國移民。**

報紙與期刊讓民眾更加注意中國人移民美國的數量。附在這張素描上的短文表示：「約翰了解所有『沒用的把戲』，而且是逃避緝私稅務官員的好手，這些狡猾的人身上通常藏有絲綢、鴉片與象牙物品，若引起官員的懷疑，就會被要求脫衣搜身。搜索過程相當嚴謹，通常會讓海關收穫良多。」

《哈潑周刊》（*Harper's Weekly*）封面繪圖，1877年2月3日。保羅．法蘭茲尼（Paul Frenzeny）繪。

HARPER'S WEEKLY
A JOURNAL OF CIVILIZATION

VOL. XXI.—No. 1049.] NEW YORK, SATURDAY, FEBRUARY 3, 1877. [WITH A SUPPLEMENT. PRICE TEN CENTS.

CHINESE IMMIGRANTS AT THE SAN FRANCISCO CUSTOM-HOUSE.—[SEE PAGE 91.]

有關十九世紀唐人街的描述，大致都讓人覺得這些社區純粹是為了毒品、娼妓與賭博這三大罪惡而存在的。事實上，唐人街是複雜的社會，並非所有居民都認同發生在那裡的犯罪活動。而且參與賭博、賣淫或吸食鴉片煙的人也並非全是中國人，其中也有白人。

舊金山的唐人街是在第一批中國移民於一八四九到一八五〇年間抵達後所建立的，鴉片旋即隨之而來。根據《殺手》（*The Hatchet Men*）的作者理查・迪倫（Richard Dillon）表示，一八六四年是舊金山的「鴉片年」，該年在「德比號」（Derby）上首度發現大批鴉片貨物運達。海關官員查獲這批鴉片，不過對於日後經由舊金山港輸入的大量鴉片則束手無策。這種毒品雖然合法，但卻必須繳納巨額的進口稅，因此能成功走私就能創造最大的利潤。

暗潮
The Night Tide

1920年出版，葛蘭特・卡本特（Grant Carpenter）的故事集，就是以舊金山為背景。小說中白人同事所熟悉的「小彼特」，也就是方青（Fung Ching, 音譯），發現自己有可能成為猶太商賈與臥底毒品探員所設圈套的受害者。他在產生警覺後，和他以前的導師關國明（Quan Quock Ming, 音譯）商量，以計策令探員吃癟並讓商賈入獄。

當這名商賈表明願意把錫罐裝的鴉片賣給他時，小彼特以偷天換日的方式，巧妙地以類似的錫罐調包，讓鴉片落入商賈手中。聯邦警探逮捕小彼特時，發現他身上只有裝糖蜜的錫罐，迫不得已只好釋放他。

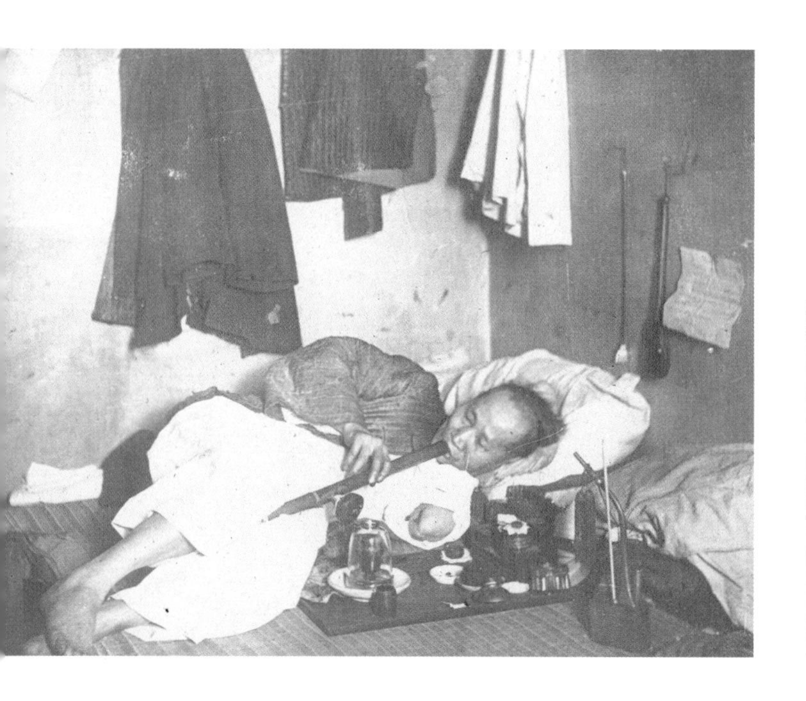

☆左圖　中國鴉片煙鬼。
鴉片煙館成為舊金山觀光路線的一景，這張明信片的寄信人W，寫道：「照片中的景象是我親眼所見。這的確是真實發生的事。」煙客頭後面的牆上吊掛著一組秤（還有看似搔背器的東西），前景則放著水煙管，1905年。

唐人街景

禁煙運動人士威拉德．法威在一八八五年提出的報告，證實了唐人街不是個好地方，雖然文中充滿偏執的言詞，但也提供許多生活窮困、令人感到駭然的街景照片。他和共事的調查員計算樓板面積、居民人數與可使用的設施狀況。例如，向來以鴉片煙館著稱、位於傑克森街的皇宮旅館大約住了四百人。這棟建築每層有四間廁所，全部集中於一個中央開放式排水溝。他的報告列出其他建築物的類似狀況，翔實記錄其氣味、污穢與擁擠的狀況。

到了一八九六年，舊金山的鴉片煙館數目據估計已接近三百家左右。儘管大多數位於唐人街，但在城市其他地區還有許多是供白種人使用。

☆下圖　**地下鴉片煙館。**

來自洛杉磯的明信片，在1906年大地震前。

☆右圖　**洛杉磯傑克森街六一四號的鴉片煙館。攝於1906年大地震之前，這張明信片的標題寫著：「連貓都染上鴉片煙癮。」**

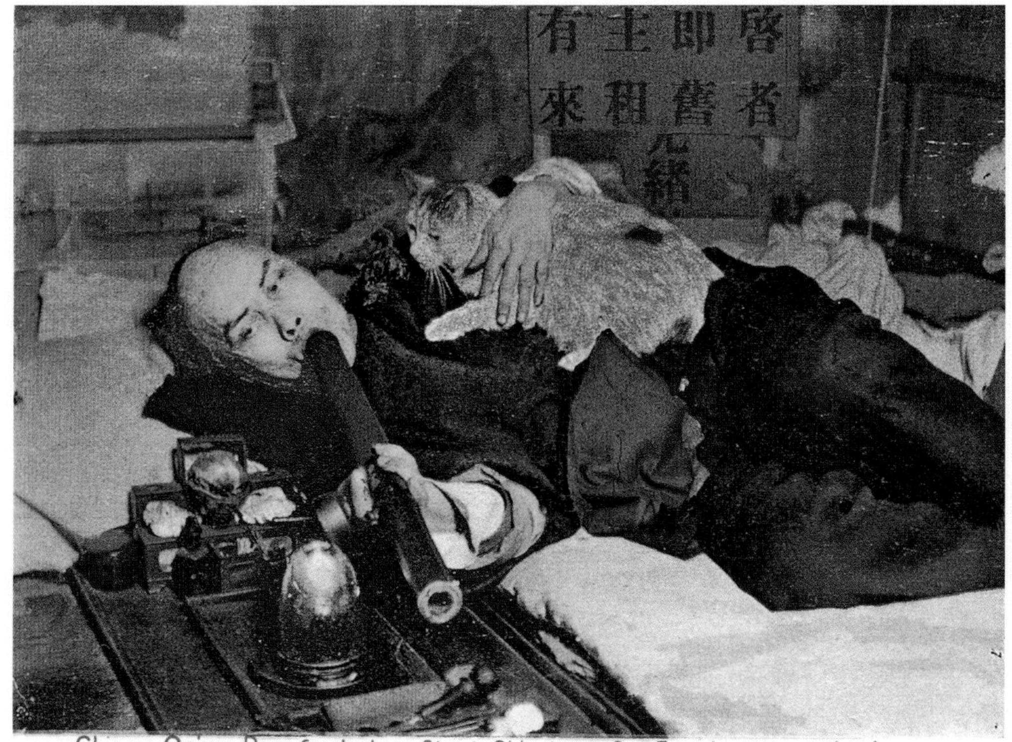

Chinese Opium Den, 614 Jackson Street, Chinatown, San Francisco; the cat has become addicted to the fumes of the drug.

「空氣中濃煙瀰漫，充滿難以形容的臭味。這裡的空氣彷彿觸摸得到。如果可以這樣形容的話，人類的五大感官中，彷彿有四種感觸得到這裡的情境。這情景眞實得看得到、摸得到、嚐得到，更聞得到！甚至聽得到鴉片煙客把鴉片煙從煙槍吸入腐敗的肺中，你在吸入這氣味時，彷彿吸到的是黏稠的焦油物質。這是一種你未曾感受過的可怕感覺，令人極度厭惡、反胃又驚駭。」

——威拉德．法威，《海內外中國人》(*The Chinese at Home and Abroad*)。

舊金山的鴉片館成爲必經的觀光行程，吸引吉卜林與馬克吐溫(Mark Twain, 1835-1910)之流的作家。馬克吐溫很高興地寫下：「烹煮攪拌鴉片的動作，以及鴉片膏在煙管內流動的聲音，就連雕像的胃都要翻攪。」

理查・迪倫在《殺手》中引述的報導，談到位於傑克森街七一八號到七二〇號、骯髒污穢的鴉片館「盲眼安妮」(Blind Annie's)，那裡的客人以女性爲主：

自願受訪的一位女孩表示，她從來沒有一次抽超過二十顆鴉片丸。她解釋說，「這樣我就不會受到鴉片的影響，但又能讓我在忙了一整天後放鬆一下，這才是我最在意的……，我抽鴉片煙已有五年，但一直沒變成鴉片煙鬼。你絕不會看到我這樣的女孩染上鴉片癮。」不過就在說話的同時，她的眼皮逐漸沉重。「我這次可能吸太多了，」她抱歉地說。「我在走以前要先小睡一會。」

☆左圖　維多利亞市的唐人街印象。
詹姆士・麥金塔(James P. MacIntyre)的〈西岸華埠〉(A Pacific Coast Chinatown)，《權威畫報》(*The Dominion Illustrated*)，1891年9月12日。

☆右圖　電影《父債子償》的一幕。好萊塢對於女性在鴉片煙館的煽情描繪，激起衛道人士的憤怒。
Courtesy BFI Stills, Posters and Designs.

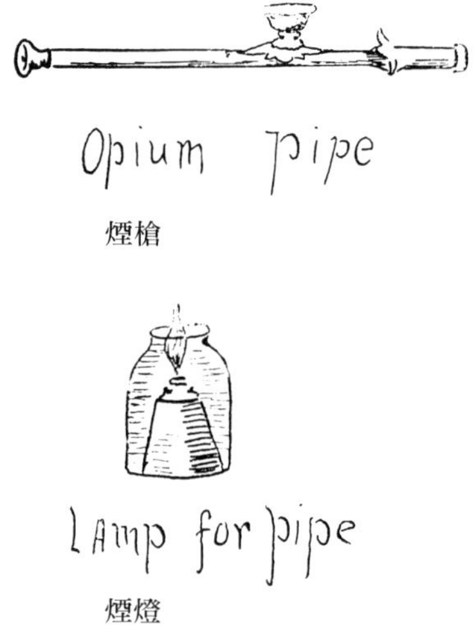

快樂泉源

路易士·貝克曾提到其他品牌的鴉片，「最好的鴉片來自香港，採用鑵裝，政府每鑵課徵5到6美元的稅，每半磅售價約8美元。這就是所謂的福源（Fook Yuen），快樂的泉源，以及麗源（Li Yuen），美麗的泉源。」

一八五八年，中國勞工隨著工作機會抵達加拿大西岸卑詩省的維多利亞市，成爲淘金潮的一份子，後來又參與加拿大太平洋鐵路的興建。結果維多利亞很快就擁有北美最大的唐人街，到了一八八四年，該市的中國人口達到一萬五千人，跟白人人口相當。

維多利亞市的唐人街在全盛時期有十四家合法的鴉片製造廠，加工從香港與舊金山運來的印度生鴉片。加工過的鴉片跨越國界送至美國，通常是以走私方式進入，不是因爲鴉片是違禁品，而是爲了避開美國財政部的稅賦。

☆上圖　舊金山中國雜貨店內部，拍攝日期不詳。雖然這家雜貨店可能比次頁維多利亞市的廣源隆公司(Kwong On Lung & Co., 音譯)還精緻，不過可能也有賣鴉片，還有其他的藥品、草藥與日常用品。

Victoria, B.C. July 29th 1885

Mrs Tai Chung

Bought of Kwong On Lung & Co.

IMPORTERS AND WHOLESALE AND RETAIL DEALERS IN

Sugar, Rice, Tea, Opium, Groceries and Provisions

CHINA PROVISIONS.

Colonist Steam Presses.

Store Street, between Cormorant and Johnson.

1885			$	¢
Feb.	13	Balance due as per a/c rendered	2489	08
	19	Opium	100	00
		Salted turnips	18	00
	23	Opium	50	00
Mar.	4	China rice	525	00
	11	Opium	250	00
	17.	Salted bamboo shoot.	4	80
		total	3436	88
Mar.	14	Received cash	500	00
		" charcoal	134	00
		Pork.	100	63
			734	63
		Balance due Amount.	2702	25

☆上圖　加拿大卑詩省維多利亞市十四家鴉片工廠之一，廣源隆公司的流水帳單。這張1885年7月29日的發票是開給張泰 (Tai Chung, 音譯) 女士，各類物品的總價爲3436.88美元，包括數筆鴉片的採購金額。

紐約唐人街的報導記者路易斯．貝克（Louis J. Beck）並沒忘了提維多利亞市以鴉片輸出中心著稱，他在一八九八年寫道：

> TiYuen、Ti Sin、Wing Chong和Quan Kai(鴉片品牌)……，來自卑詩省……，它們是由中國人聘請的法國女人走私到美國，因此不用繳交關稅。在卑詩省維多利亞市的製造商，把鴉片煙貨送到蒙特利爾後，讓這些女人……，夾帶過境。

卑詩省的另一個城市溫哥華，在一八八〇年代也有一個發展成熟的唐人街，座落於對健康不好的沼澤地區。脆弱的木造建築讓附近的墮落氣息更顯濃厚。一九〇七年，當地的白人因爲憎恨他們所謂的大規模亞洲移民，於是將怨氣發洩到唐人街。數千名暴徒參與反亞洲人的暴動，縱火焚燒與洗劫商家和民宅。

加拿大的勞工部副部長麥肯錫．金恩（W. L. Mackenzie King, 1874-1950）調查暴動，並審核中國人的損壞賠償申請。當時他並不知道加拿大有鴉片工廠，因此在看到兩家鴉片公司所提出的損壞賠償申請時大吃一驚。同時中國人也組成中國反鴉片煙聯盟，最終於一九〇八年促成鴉片法案通過。這份由金恩所起草的法案，目的在抑制鴉片輸入加拿大。其他國家也紛紛採取行動，將鴉片列入違禁品：此時中國、印度、英國及其他國家，要不是已經通過立法，就是正在進行立法。一九〇九年於上海舉辦的國際鴉片會議，十三個國家同聲譴責鴉片業者，但效果不彰。

溫哥華的唐人街在希爾達．格林－渥德（Hilda Glynn-Ward, 1887-1966）於一九二一年所發表、夸夸其談的小說《牆上文字》（*The Writing on the Wall*）中享有不朽的名聲。她

合法的鴉片工廠

1888年與1889年，溫哥華的鴉片工廠顯然多達八家，不過只有Hip Tuck Lung與Wing Sang兩家獲得授權。

鴉片煙館不存在嗎？

Quene Yip在1936年慶祝溫哥華周年紀念的小冊子中，做出下列陳述：「儘管與普遍的認知相悖，但在唐人街並沒有神祕的鴉片煙館、黑社會，也沒有祕密的……通道。生活……是平和且極度守法。」也許鴉片煙館已消失無蹤，但在同一年，警方的一位線民卻因為洩露前幾年的鴉片走私交易，而在唐人街遭謀殺身亡。

☆下圖 愛蜜莉·莫菲法官指控加拿大的女皇輪船艦隊，被走私犯當作運輸鴉片的交通工具。儘管加拿大警方與加拿大海關官員努力試圖制止這種情況，但除了莫菲在報告中提及的「俄羅斯女皇號」外，亞洲、日本、加拿大與法國女皇號也都被當作走私交通工具。他們在濃霧中將違禁的鴉片拋到海上，等待小船撈起。在這張明信片上，是航向溫哥華港的日本女皇號，日期不詳。

對鴉片煙館不遺餘力的描寫，令人印象深刻：

靠牆有一排排的鋪位，每個鋪位上都有一具宛如死屍的全裸身影，而且全都處於毒品之神不同程度的影響下。有些人抽著長長的煙槍，有些人只是躺著，空洞的眼神盯在天花板上，有些人看起來像是死人……，鴉片館的地板上凌亂地棄置著難以形容的穢物，化糞池的惡臭與毀滅心靈的鴉片迷煙相互混合。

格林–渥德女士的書比愛蜜莉·莫菲法官的《黑蠟燭》（*Black Candle*）還早一年出版，不過筆名爲珍妮·坎納克（Janey Canuck）的莫菲法官先前就曾在《麥克林》（*Maclean*）雜誌上發表過與鴉片有關的文章。莫菲使用的語言和格林–渥德一樣偏執，不過至少試圖針對日益嚴重的毒品問題找出解決之道。她也不曾把問題全部歸咎於北美的中國移民，但她仍認爲鴉片是吸引所有奸商的惡源。她也指出「溫哥華的唐人街是罪惡的淵藪。」

紐約的唐人街最早可能是在一八五八年建立，更可靠的說法是在一八七六年前即已建立。它可能是北美城市中，最以犯罪中心而惡名昭彰的唐人街。如同其他的唐人街，它也一樣受到警方、記者與反煙人士的關注。

坎恩在一八八一年撰文表示，吸食鴉片的惡習在一八七六年傳入紐約。他宣稱這個惡習大約也在相同時期傳入芝加哥、聖路易與紐奧良市，跟中國移民從西岸遷移至東部的時間約略相同。他在調查紐約的鴉片館後發現，唐人街的街道上充斥著「中國人、馬來人（以及）混血兒，還有廉價公寓的混雜人口。」

THE OPIUM SMOKERS. DRAWN FROM LIFE.

紐約唐人街

到了1876年，唐人街集中於霧街、披露街與派克街，並且以窩扶街、貝阿德街與包里街為界。這裡鴉片煙館聚集叢生，在第二與第四大道及第二十三街也找得到。根據消息不太可靠的記者道斯迪克(P. B. Doesticks)宣稱，在奇瑞街六一號與詹姆士街一〇三號也有鴉片館。據說在城裡比較繁華的地帶也有鴉片煙館，一家在西三二街的克雷蒙花園，另一家在西四六街。

☆左圖　1858年2月6日的《萊斯利畫報》(*Frank Leslie's Illustrated Newspaper*, p.152)，培利格．普得林(Pelig Pudlin)為道斯迪克的文章〈在中國人之間〉(Among the Chinaman)所繪的插圖：〈鴉片煙客，根據實景描繪〉。

☆右圖　同樣出自上篇文章的插圖。〈道斯迪克造訪中國人：素描畫家培利格對吸食鴉片的恐懼〉。培利格在這張插圖中自我嘲諷。

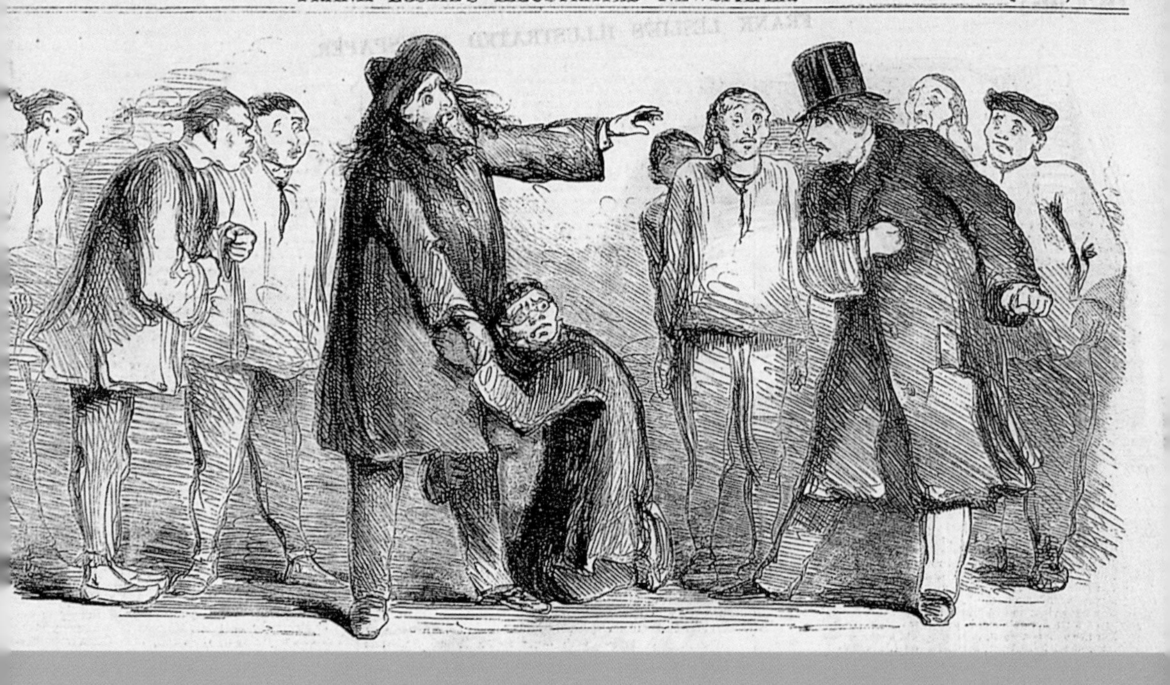

「這就好像爬進一個煙霧相當誇張的煙瓶裡，在二十八位聚集的中國人中，有二十位在抽鴉片或菸草。結果形成一團公寓大小的煙霧，猶如奶凍般黏稠。」

——道斯迪克，〈在中國人之間〉。

路易斯·貝克在他的《紐約唐人街》一書中，認爲染上鴉片癮倒不如得黃熱病。他描述到西四十六街造訪鴉片煙館的經驗，「其裝潢豪奢，不僅睥睨紐約，一度居於全美之冠。」這家鴉片煙館與眾不同之處，在於其規模與位置：它位於繁忙的百老匯中心地帶，佔整整三層樓高。厚重的簾布遮住室內，不過根據貝克的說法，「房內的家具非常簡單——因爲那兒根本沒有家具。」房間裡四散著深紅色的床墊，「上面躺滿男女，讓人很難穿過那些糾纏的腿與足。鴉片煙客最常見的姿勢就是翻滾。任何形式的沙發似乎都是癡心妄想。」

路易斯·貝克
Louis J. Beck

除了在他的著作《紐約唐人街》中一些自傳性的資訊外，貝克的生平鮮為人知。他無疑很厭惡這項惡習，常在書中加以嘲罵，但是他對鴉片煙館與吸大煙的過程相當熟悉，都直指這是第一手的研究所得。

★左圖　在貝克的《紐約唐人街》中，講述吸食鴉片的篇章，開頭都會繪上適當的插圖（見右頁）。左頁畫的是西四十六街裝飾豪華的鴉片煙館。這些插圖可能是作者親筆繪製的。

鴉片使徒

貝克除了在書中展現新聞學、小說與素描的技巧之外，還展露出詩人才華：

噢，邪惡的小麻藥丸，
你這罌粟球——
雖然太常沉溺罪惡——
但我更愛你的生長。

你這可愛有趣的鴉片丸，
讓人忘卻所有煩憂；
無你的生命會如何？
陰鬱乏味的命運。

油水區的女孩都愛你，
你是她們心中的喜悅；
看到你陽光俱現；
沒有你—— 最暗的夜。

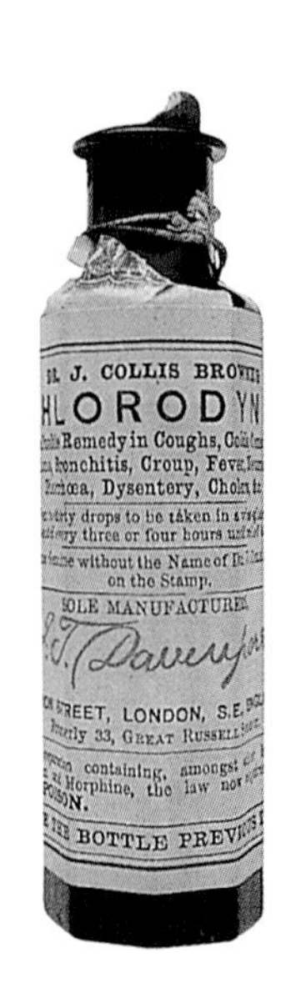

倫敦華埠萊姆豪斯區（Limehouse）不如北美的唐人街規模龐大，該地與相關的吸大煙習性主要都是文學的產物。但這並不是說鴉片與大多數人的日常生活無關。服用鴉片酊與其他藥物所造成的鴉片癮，在十九世紀末的大不列顛群島達到驚人的程度，特別是在劍橋以北所謂的「沼澤地帶」（Fens）。這裡的情形如同美國，鴉片酊和其他藥物，例如多佛藥粉（Dover's Powder）、布朗醫生的利眠寧（Dr. J. Collis Browne's Chlorodyne）、阿金黑藥丸（Atkinson's Black Drop）、溫太太咳嗽糖漿（Mrs. Winslow's Soothing Syrup）與葛菲強心劑（Godfrey's Cordial）等林林總總，被大量服用，以治療各種真實或想像的病痛。正在長牙的孩童被餵食興奮劑與鎮靜糖漿，好使他們安靜，許多孩童因對服用這類藥物上癮，健康因此受損。在《倫敦畫報》的「出生與死亡」欄，經常可以見到服藥過量致死的報導。

另一方面，吸食鴉片則多侷限於上流社會，與一般吃鴉片的平民沒有什麼關連，不過就在這有限的圈子裡，滋生出聳人聽聞的「文學」版萊姆豪斯區、以及太過誇大的鴉片煙館。例如作家狄更斯（Charles Dickens, 1812-1870）、柯南．道爾（Arthur Conan Doyle, 1859-1930）及後來的薩

☆左圖　布朗醫生的利眠寧。這種治療霍亂、痢疾與咳嗽的藥含有氯醛與鴉片成分，很容易上癮。

☆下圖　溫太太咳嗽糖漿的廣告。這種兒童長牙專用藥在大西洋兩岸都有販售。許多這類的成藥除了含有危險的鴉片以外，還含有酒精。

ADVICE TO MOTHERS
MRS. WINSLOW'S
SOOTHING SYRUP
FOR CHILDREN TEETHING.
Greatly facilitates the process of Teething, by softening the gums, reducing all inflammation; will allay ALL PAIN and spasmodic action, and is
SURE TO REGULATE THE BOWELS.
Depend upon it, Mothers, it will give rest to yourselves and
RELIEF & HEALTH TO YOUR INFANTS.
Sold by all Chemists, at 1s. 1½d. per Bottle.

多佛藥粉致人於死

「一名兒童在星期一於希爾德斯因為醫生一時大意而中毒死亡，這名醫生誤開多佛藥粉，又因疏忽而未能提供正確的指示。」

——《倫敦畫報》

克斯·洛馬和湯瑪士·柏克，都將萊姆豪斯區描繪爲世上最神祕的地方之一。萊姆豪斯港區經常籠罩在江霧與鴉片煙中，吸引水手、賭徒、混混與各行各業的毒癮者。鴉片煙館如鼠疫般蔓延，而這場瘟疫的核心傳聞就是「中國人」，一波波馬來人、印度強盜、東印度人與希臘人更助長了這種看法。鴉片館隱藏在巨大的地窖內，在倉庫中僞裝成廢棄的建築，藏在洗衣店樓上和理髮店後面。

萊姆豪斯區的罪惡威脅著要蔓延至倫敦的中產階級，將純眞但可塑性高的年輕人變成不良少年，並將社交名媛送入毒品的懷抱。很少作家會觀察萊姆豪斯區的眞實面，不過《鴉片與人》（*Opium and the People*, 1981）的作者維琴妮亞·柏麗吉（Virginia Berridge）提供的統計數據顯示，當時倫敦的中國人口非常少，出現時間短暫，但他們在歷史上受到的關注卻不成正比。

狄更斯未能完成的小說《艾德溫·德魯德之謎》（*The Mystery of Edwin Drood*, 1870），以渲染手法處理倫敦東端的鴉片館，描繪有白人與中國煙客在內的卑劣情節。在葛斯塔夫·杜爾和布蘭卡·傑洛共同創作的書《倫敦朝聖之旅》中，有一幅由杜爾創作的鴉片館插畫，就是從這本書汲取靈感，強調破壞性的氣氛，很快地使這個小社區成爲眾人心中的嚴重威脅。

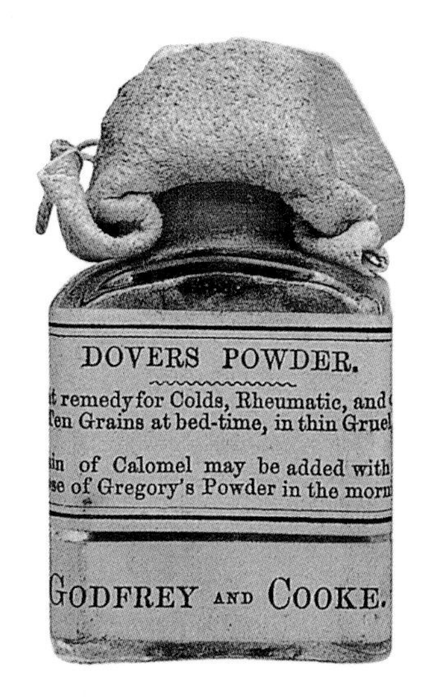

☆右圖　湯瑪士·多佛醫生（Dr. Thomas Dover, 1662-1742）製造的多佛藥粉，一直到二十世紀仍含有鴉片成分。這瓶列出原始成分的產品可能是在十九世紀晚期出廠的。

艾德溫．德魯德
Edwin Drood

《艾德溫．德魯德之謎》（*The Mystery of Edwin Drood*）的開場是羅徹斯特大教堂的唱詩班指揮，有鴉片癮的約翰．傑斯班（John Jasper）。他一醒來就發覺床上還躺著一名「中國人、一名印度水手和一個形容憔悴的女人。」前兩人或睡或昏迷，後者則吹著某種煙斗，想點燃它。她用纖瘦的手遮著吹，紅色的火花集中，在昏暗的清晨裡彷彿一盞燈，讓他看清她的模樣。」❖

這名女子就是「抽煙公主殿下」（Er Royal Highness the Princess Puffer），隨時準備一視同仁地幫忙任何煙客。

狄更斯對於煙客的描述毫不留情，他們全在毒品的影響下絕望而語無倫次。傑斯班離開鴉片館，準備回羅徹斯特，他姪子艾德溫·德魯德失蹤的神祕事件就此展開。糾纏的愛情故事、嫉妒、催眠、死亡和腐化的情節，使傑斯班染上鴉片癮的意義變得晦澀不清。

❖：鴉片煙其實不是這樣準備的（請參閱80頁）。狄更斯從一開始就弄錯了，然後一路到底。第一部分還有其他錯誤，但這並不影響讀者從遍是污穢的場景中，感受到那種厭惡戰慄的感覺。

☆上圖　狄更斯在1865年一場火車意外中受傷，必須靠鴉片酊和鴉片花冠熬成的汁來治療症狀。他在這種健康不佳的狀況下，開始撰寫《艾德溫．德魯德之謎》，並為了研究，在警察和幾位朋友的陪伴下造訪鴉片煙館。巴克（J.H. Barker）的銅版雕刻。

Mason & Co. 1868年攝。

☆右圖　〈死巷〉（In the Court）。

在這幅插畫中，唱詩班指揮約翰．傑斯班醒來，觀察一起吸煙的同伴。路克．菲爾德斯（S. Luke Fildes）繪。

狄更斯的《艾德溫．德魯德之謎》(1870, p.1)。

「這是鴉片，親愛的，不折不扣。
到目前爲止，它就跟人一樣，你經常會聽到有人反對它，卻少有讚揚。」

——狄更斯，《艾德溫·德魯德之謎》。

萊姆豪斯的街道
Limehouse Streets

傳奇的萊姆豪斯區包括萊姆豪斯堤道（Limehouse Causeway）、洛特克利夫公路（Ratcliffe Highway）、商業路（Commercial Road）、潘尼菲爾得路（West India Dock Road）、西印度碼頭路與北京街（Pekin Street）。

福爾摩斯易容喬裝造訪萊姆豪斯的鴉片煙館，是作者柯南．道爾〈歪唇男子〉（The Man with the Twisted Lip, 1887）故事中最令人難忘的一段情節。這段情節給讀者的印象太過深刻，甚至使他們經常忘記福爾摩斯沒有鴉片癮，而是古柯鹼癮，儘管他在〈四簽名〉（The Sign of the Four, 1888）中，坦承使用嗎啡。柯南．道爾的想像力充分發揮在對鴉片煙館與福爾摩斯的描述上，他形容福爾摩斯的扮相「非常削瘦、充滿皺紋、年老佝僂，鴉片煙槍在膝間搖晃，彷彿剛從困倦的指間滑落。」

湯瑪士．柏克（Thomas Burke, 1886-1945）的《萊姆豪斯之夜》（*Limehouse Nights*, 1917）是一本感人的故事集，以受阻的愛情、報復與鴉片的故事爲主。他寫了一些以唐人街爲背景的小說，以及以倫敦生動有趣的歷史爲主題的非小說類作品。

薩克斯．洛馬（Sax Rohmer, 1883-1959）是亞瑟．渥德（Arthur Ward）的筆名，他後來成爲萊姆豪斯區、「黃禍」（the Yellow Peril）、「傅滿洲」與鴉片的同義詞。

薩克斯．洛馬駭人聽聞的小說，例如《麻藥》、《黃爪》與傅滿洲系列作品——《傅滿洲的新娘》（*Fu-Manchu's Bride*）、《陰險的傅滿洲博士》（*The Insidious Dr. Fu-Manchu*）、《傅滿洲的手》（*The Hand of Fu-Manchu*）——以令人震駭的巫術、腐敗與冒險，迷住了數世代的讀者。不管他的神祕事件設定在何處，無論是發生在英國、法國南部或埃及，都會提及惡名昭彰、藏污納垢的萊姆豪斯。

戳破假象

湯瑪士．柏克寫了許多有關倫敦的書。在其中一本《倫敦之夜》（*Nights in London*）中，他企圖賦予萊姆豪斯以危險鴉片著稱的惡名：「在萊姆豪斯區房間內使用一球鴉片，就好比在萊斯特的娛樂廳喝混合的苦艾酒一樣令人興奮……，從雜誌裡大家都讀過，西端的有錢人在這裡租房子，不時前來狂歡。這也是犯罪溫床的故事。」

☆左圖 **處於跨世紀期間的旅客只要帶著旅行指南，就可以自信地逛萊姆豪斯區的街道。** 貝德克（Baedeker）的《倫敦與周遭環境》（*London and Its Environs*, 1900）。

《萊姆豪斯之夜》

湯瑪士・柏克的故事〈中國佬與孩子〉(The Chink and the Child, 1917) 發表於他的《萊姆豪斯之夜》(*Limehouse Nights*) 一書中，描述程環 (Cheng Huan) 發現自己在骯髒發臭的萊姆豪斯街道上，筋疲力盡。他不可自拔地愛上兇暴的貝特林・博洛 (Battling Burrows) 十二歲大的女兒露西 (Lucy)。

程環在鴉片館與她邂逅，這家鴉片館「多年的污物、累積的菸草、鴉片、檳榔與潮溼的人體，匯聚成對鼻孔的強烈衝擊。」若是忽略不看露西才十二歲的事實，讀者在程環把她帶回自己骯髒的小窩並成為情侶時，著實會鬆了一口氣。貝特林在發現有黃種男人追求他的女兒後，把她捉了回來，活活打死。程環為了替她復仇，把致命的毒蛇放進貝特林的房子，咬死他。

格里菲斯 (D. W. Griffiths) 的默片《殘花淚》，根據〈中國佬與孩子〉改編，莉莉安・吉許 (Lillian Gish) 飾演露西，理查・巴斯麥斯 (Richard Barthelmess) 飾演程環，而唐納・克里斯 (Donald Crisp) 飾演貝特林・博洛。這部影片除了程環的復仇方式以外，全都忠於原著，相當賣座。

鴉片與萊姆豪斯區

在《萊姆豪斯之夜》中，其他提及鴉片的故事有〈泰夫與潘西・葛利爾〉(Tai-fu and Pansy Greer)、〈大猩猩與女孩〉(The Gorilla and the Girl)、〈葛瑞絲・古德奈〉(Gracie Goodnight) 與〈腳掌〉(The Paw)。

☆左圖　理查・巴斯麥斯在格里菲斯的電影《殘花淚》中飾演程環的角色。

☆右圖　馬龍・布連 (Mahlon Blaine) 為湯瑪士・柏克的小說〈中國佬與孩子〉所繪的插圖。《萊姆豪斯之夜》，1926年，標題頁。

"O li'l Lucia .... White Blossom .... Twelve years old!"

鴉片躍上銀幕

許多以中國為主題的電影娛樂了民衆。這些故事中經常有吸食鴉片或毒癮的情節，例如《歸鄉人》(*The Man Who Came Back*, 1930) 描述一位在香港找到染有毒癮女友的男人。珍納・蓋娜 (Janet Gaynor)、查爾斯・法威爾 (Charles Farrell)、肯尼士・麥克那 (Kenneth MacKenna) 與威廉・賀頓 (William Holden) 主演，雷奧・瓦許 (Raoul Walsh) 導演，根據朱勒斯・艾克特・古曼 (Jules Eckert Goodman) 的劇本改編。其他與鴉片有關的電影，包括以東南亞為故事背景的《香箋淚》(*The Letter*, 1940)，貝蒂・戴維絲 (Bette Davis) 與赫伯特・馬歇爾 (Herbert Marshall) 主演，改編自毛姆 (W. Somerset Maugham) 的小說。還有《陳查禮在上海》(*Charlie Chan in Shanghai*, 1935)，華納・奧蘭 (Warner Oland) 飾演調查鴉片集團的陳查禮；《暗渡陳倉》(*Drifting*, 1923) 描述一個關於中國鴉片走私的故事，由安娜美翁 (Anna May Wong)、麥特・摩爾 (Matt Moore) 與普理西拉・迪恩 (Priscilla Dean) 主演。

源生昌

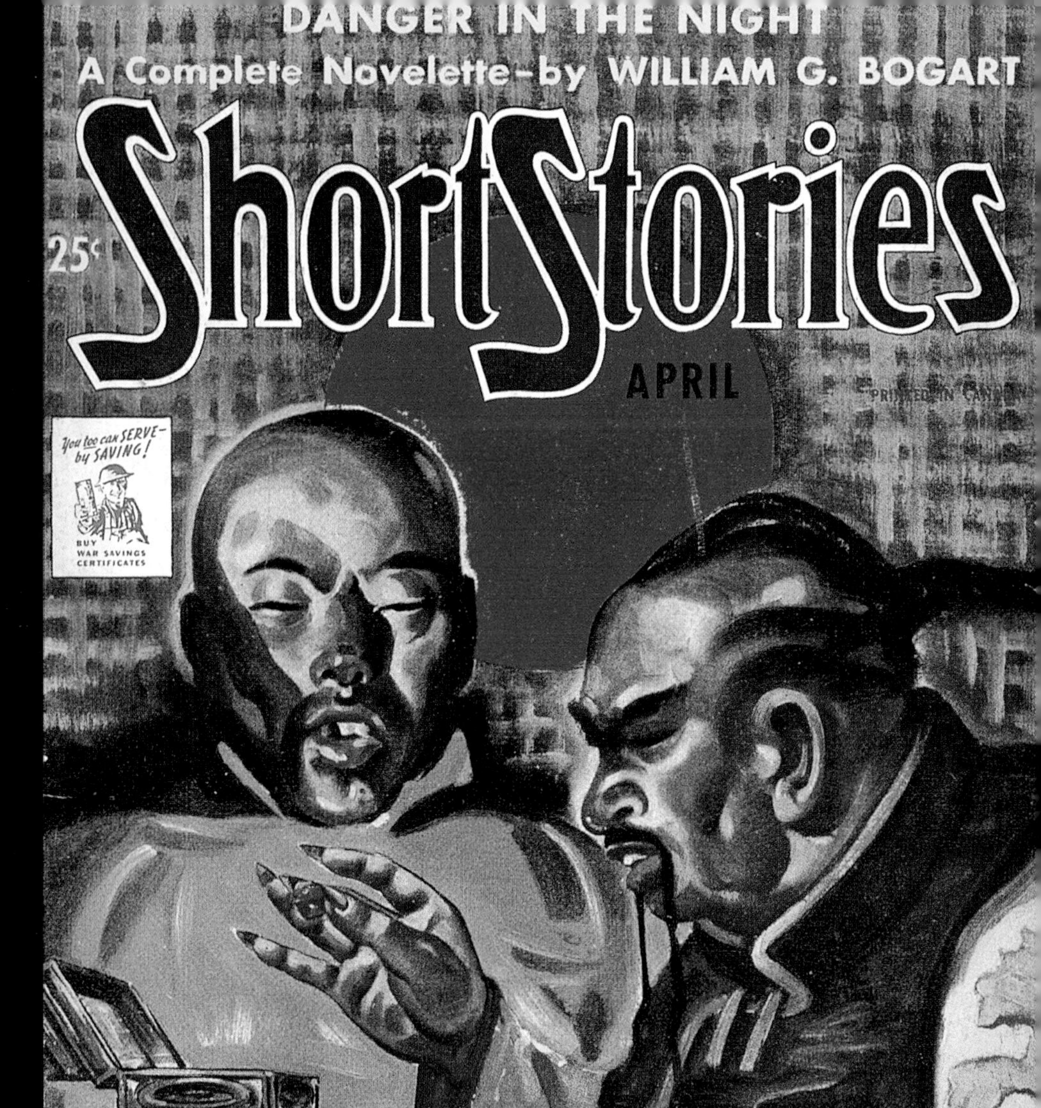
DANGER IN THE NIGHT
A Complete Novelette—by WILLIAM G. BOGART
Short Stories
25¢
APRIL
You too can SERVE—
by SAVING!
BUY
WAR SAVINGS
CERTIFICATES
A Novelette
of Chinatown Adventure
BLOOD RED CASH
OF KUBLAI KHAN
By WALTER C. BROWN
★ ★ ★
HONORABLE ANCESTOR

風潮再起

Opium Hits the Street

「他說美國總共有一百五十萬名吸毒者。」

——《紐約時報》(*New York Times*)，1923年5月14日。

☆左圖　忽必烈汗的血紅玉幣。在華特・布朗(Walter C. Brown, 1890-1936)所寫的唐人街謀殺案故事中，犯罪高手克魯克・艾瑞克・梅斯特(Crook Eric Meister)在茶中下鴉片劑，殺死三枚血紅玉幣的主人，這些玉幣上有忽必烈汗的封印。《短篇故事》，1943年4月。「唐人街看似不堪一擊——你試試看就知道！」

鴉片在全球蔓延的漫長歷史中，有人累積了驚人財富，也有難以計數的可憐人斷送了未來。隨著鴉片的使用量以驚人的比例成長，駭人的頭條標題更誇大問題的嚴重性；人們開始召開會議，暫停進口；走私更加猖獗，最終，禁煙法令終於通過。在數十年間，吸食鴉片從充滿異國風情但合法的惡習，轉而成爲幫派分子在街頭販賣毒品的犯罪活動。

到了十九世紀末，許多成癮者無助地四處遊蕩，被人當作瘋子、病患、罪犯、墮落或智力不足的人。協助他們的診所一一開業，湧入大批人潮，但後來又因協助的能力有限，很快就關閉了，絕望的上癮者再度得自求多福。他們的困境使反毒人士的決心更加堅定，特別是在英國與中國；到了二十世紀早期，反毒人士強迫政府重視要求停止鴉片交易的呼籲。雖然英國持續透過銷售鴉片至中國來獲利，下議院卻認爲鴉片議題具有道德性的爭議，最後終於在一九〇六至一九〇七年間與中國簽下條約，決意根除「因爲國外與本地鴉片所導致的罪惡」。

法國就像英國一樣面臨兩難，既要允許殖民地印度支那的鴉片交易，又得遏止法國本土的鴉片氾濫。一九〇八年後的法國，理論上只有持醫師的簽名處方籤才能到藥房購買鴉片。一九〇九年，法國實施關閉鴉片煙館的措施。

一九〇九年二月一日，第一屆國際鴉片會議在上海舉辦；第二屆（一九一二年）及第三屆（一九一四年）在海牙

偵探登場

鴉片、嗎啡、海洛因是二十世紀犯罪作家熱中的主題。《短篇故事》（*Short Stories*）（前左頁）、《真實偵探》（*Real Detective*）與《一角偵探雜誌》經常刊登此類故事，於是鴉片販與煙客使用的術語與習性進入主流社會。

☆右圖　**美國財政部國稅局的訂單。1914年哈里遜麻醉藥法案（Harrison Narcotic Act）通過後，聯邦藥物法將鴉片製劑的走私列爲重大犯罪。藥劑師與醫師必須向財政部登記，記錄分配的麻醉藥品並繳稅。**

TREASURY DEPARTMENT

ORIGINAL
Value One (1) Cent

UNITED STATES INTERNAL REVENUE ORDER FORM FOR OPIUM OR COCA LEAVES, OR COMPOUNDS, MANUFACTURES, SALTS, DERIVATIVES OR PREPARATIONS THEREOF UNDER SECTION 2 OF THE ACT OF CONGRESS, APPROVED DECEMBER 17, 1914.

SERIES OF 1923

Special tax under said Act in each of the classes and at the location specified below must be paid for a fiscal period covering the date inserted by the purchaser before this form may be used.

NO. DD53397 DATE Feb 6th 1926
TO BE FILLED IN BY PURCHASER

THIS ORDER IS FOR EXACTLY 3 ITEMS.
NUMBER OF ITEMS MUST BE SPECIFIED BY PURCHASER OR FORM RETURNED

Unless this order calls only for one ounce of an aqueous narcotic solution, it may be filled only by an importer, manufacturer, producer, compounder, or wholesale dealer (a class 1 or 2 registrant); if filled by any other person, liability to tax under the Act as a producer will be incurred by the vendor if broken or unstamped packages are supplied, and liability to tax thereunder as a wholesale dealer will be similiarly incurred if stamped packages are furnished.

The merchandise requested below may not be furnished if this form shows any alteration or erasure or evidence of any change whatsoever.

If unused upon discontinuance of business this form must be returned for cancellation to the collector who issued it.

NAME, ADDRESS, REGISTRY AND CLASS NUMBERS, AND DISTRICT TO BE INSERTED IN COLLECTOR'S OFFICE 2939

Jas M Miller
Crockett Va

CLASS 4 DIST. OF VA.

ISSUED JAN 30 924 BY J. C. NOEL
DATE COLLECTOR

TO Jas. M. Miller

STREET CITY Wytheville STATE Va

You are requested to send to me at the location above specified by the collector of internal revenue for this district the following merchandise which comes within the purview of the act of December 17, 1914, as amended by the act of November 23, 1921, for use, sale, or distribution in the lawful conduct of my business or legitimate practice of my profession, for which I am duly registered under the above stated registry number at this time under said Act, and for which I have paid the taxes necessary to qualify me in the above stated classes for a fiscal period covering the date of this order which has been inserted above by me:

ITEM	CATALOGUE NUMBER IF ANY	NUMBER OF PACKAGES	SIZE OF PACKAGE NUMBER OF POUNDS, OUNCES, GRAINS, PILLS, TABLETS, ETC., IN EACH PACKAGE	NAME OF ARTICLE NAME OF NARCOTIC DRUG INVOLVED MUST BE STATED	NUMBER OF STAMPED PACKAGES FURNISHED	DATE FILLED
			TO BE FILLED IN BY PURCHASER		To be filled in by consignor	
1			500 - 1/4 gr	Mor. Sul. Tab trit		
2			200	Mor sul 1/4 gr Atropine 1/150 hypodermic		
3			500	After pain tab: Mor sul 1/4 gr 1/10		
4						
5						
6						
7						
8						
9						
10						

Void 3/15/26

H. S. MCAULEY
FEDERAL AGENT

FEB - 1926

NAME OF PERSON OR FIRM IF NOT AN INDIVIDUAL

Jas. M. Miller
SIGNATURE OF PURCHASER, OR HIS ATTORNEY OR AGENT

召開，呼籲對鴉片製劑採取更嚴格的管制措施，包括鴉片、嗎啡與海洛因，並且以授權制度來管制醫藥用途。這些會議及類似的會議促使各國起草限制性法律條款，對抗毒品交易。一九○八年，英國通過「毒物與藥物法案」(Poisons and Pharmacy Act)；一九○九年，美國頒布「抽鴉片煙排除法案」(Smoking Opium Exclusion Act)；而在一九一一年，加拿大推出「鴉片與麻醉藥物法案」(Opium and Narcotic Drug Act)，在一九○八年的鴉片法案下，加強對吸食麻醉藥品的處罰。

亞洲也通過嚴格的新法律：例如，在一九一○年，香港正式要求關閉鴉片煙館，並且對查獲營運、置身或來自鴉片煙館的人處以重罰。但執法不力仍是最主要的障礙，鴉片吸食在亞洲可說沒受到什麼阻撓，而且由於日本介入毒品交易市場，使得便宜的嗎啡湧入中國，注射嗎啡的比例增加。現在英國在鴉片交易中不再重要，而日本在一八九五年佔領台灣，一九一八年佔領中國北方與海岸的部分地區後，成爲中國的鴉片與嗎啡供應商。一九一一至一二年間，日本從印度購買價值七萬六千八百一十七英鎊的鴉片，次年購買了十二萬九千五百四十五英鎊。一九一一年，日本向英國購買五噸半的藥用嗎啡；一九二○年增加爲二十噸，其中大部分似乎都直接銷往中國。

十九世紀末引進中國的嗎啡，剛開始是由傳教士及上癮者當成戒鴉片煙癮的藥物使用。含有鴉片或嗎啡成分的藥丸由傳教士發

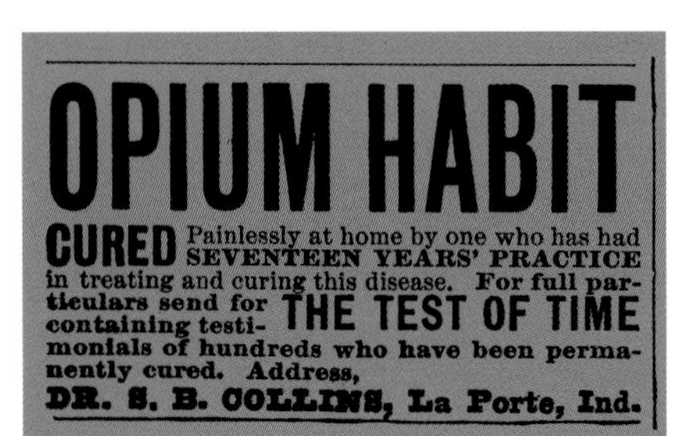

療養院拒收

1895年第六期奧勒崗州精神病院雙年報抱怨，脫逃最多的是鴉片癮患者。他們指稱這些鴉片癮者和其他酒徒是「不良分子，不適合在療養院接受治療。」報告中所涵蓋的兩年，收容的632名病人當中，有41人為鴉片癮者。

☆左圖與底圖　無痛「治療」鴉片惡習的祕訣是染上其他的毒癮。鴉片煙客或鴉片酊飲用者用來戒鴉片的藥物，通常含有嗎啡。號稱能治療酗酒或煙癮等其他缺點的廣告也相當多。

放，特別是具有醫學背景的傳教士，由於這種發放成爲常規，甚至被稱之爲「耶穌鴉片」(Jesus opium)。一九一二年鴉片會議所主導的調查列出近九十種品牌的戒鴉片丸，大多數都含有嗎啡成分。尋找療法的結果是造成一種新的毒癮。

治療鴉片癮的嗎啡也在北美銷售，在報紙與雜誌上登廣告。不過廣告與包裝上的用語都鮮少提及成分。

★下圖 《鴉片黑幫》(*Le Gang de l'opium*)。查爾斯·理奇伯(Charles Richebourg)的極短篇警匪驚悚小說，巴黎，1956年。

一九○六年，美國通過「純粹食品與藥物法案」(Pure Food and Drug Act)，要求藥品標籤必須說明麻醉藥成分，並禁止不實或誤導性的宣傳，同時《柯里爾》(Collier's)雜誌也刊登一系列揭發僞專利藥業的文章，強調無醫生處方即可出售的成藥所具有的危險性。大規模的沒收行動與刻意展示的鴉片及煙槍銷毀行動，更公開顯示政府爲掃除這項惡習所做的努力。大眾訴諸無知的藉口也更難成立。

到了一九二○年代，在反鴉片與反毒品的立法愈見普遍後，一般人很難取得鴉片。鴉片與嗎啡成爲禁藥，必須要有醫師處方才能取得，正因如此，它們成爲犯罪階層及街頭毒販的主要商品。

身爲犯罪活動的存在理由，鴉片(及其衍生而出的嗎啡及海洛因)開始有新的角色，鴉片煙館內煙霧瀰漫的懶散時光就此完全結束。國際間暴力、幫派火拚與走私活動日益加劇，而且儘管政府與私人努力尋求解決之道，但情況仍沒有多少改變，這些問題至今仍與我們同在。

在這一期的法國《偵探》（*Détective*）警匪周刊中，慵懶的讀者沉浸在高克多的《鴉片》（*Opium*）中。瑪塞爾．蒙塔隆（Marcel Montarron）的文章〈夢工廠〉（Usines de Rêve）介紹毒品黑社會，內容有許多關於暗號、幫派遊艇、夾層塞滿海洛因的書，以及在伊斯坦堡加拉他港與年輕女子祕密會面的故事。蒙塔隆在其中一段對此龐大網路做出總結：「從日本到紐約，途經馬賽！從百老匯的摩天大樓到滿洲國大草原！從漢堡的碼頭到埃及的金字塔！從博斯普魯斯海峽到香舍麗榭大道！各種口味，無所不包。」

VI [1]

LES ROUTES DU POISON

On peut, à l'heure qu'il est, voir où les rivières creusent leur lit.

RUSSEL PACHA.

PRENEZ la carte du monde. Sur cette carte, entourez d'un trait rouge Istamboul et Sofia, d'une part ; Marseille, Paris, Le Havre, Vienne, Berlin, Hambourg, New-York, d'autre part. Soulignez encore là-bas, vers les mers de Chine, Osaka, Changhaï, Tientsin et Dairen. N'oubliez pas aussi Alexandrie, Port-Saïd, Smyrne, Le Pirée, Trieste et Barcelone. Reliez d'un pointillé toutes ces villes.

Vous aurez ainsi tracé le réseau des routes du poison.

Entendez-moi. Je ne veux pas dire que l'affaire soit aussi simple et que la drogue dont s'approvisionnent les marchés illicites suive aussi fidèlement les routes ainsi tracées.

Mais, par ces lignes et par ces cercles, vous aurez tout de même esquissé le panorama des marchés, des ports et des voies de transit qui entourent les Usines de Rêve...

Avouez qu'un tel horizon mérite bien que le regard s'y repose un instant.

Du Japon à New-York, en passant par Marseille ! Des gratte-ciels de Broadway aux plaines de Mandchourie! Des docks de Hambourg aux pyramides d'Egypte ! Du Bosphore aux Champs-Elysées ! Il y en a pour tous les goûts. Le décor est vaste comme l'univers.

Animez maintenant ce fameux choix d'images des noms magiques de l'âge moderne : export, import, ordres, connaissements, factures, télégrammes, banques, palaces et téléphone ! Tout cela ici trouvera sa place.

Bateaux, wagons-lits et avions ne seront pas de trop non plus. Tout ce qui circule dans l'espace, tout ce qui relie les pays entre eux, par-dessus les frontières, va être utilisé : ce grand paquebot noir et blanc qui remonte la Mer Rouge ; ce rapide aux voitures bleues qui longe, en Bulgarie, le défilé de la Nichava ; cet avion qui survole les flèches de pierre de Strasbourg ; cette vedette rapide qui, tous feux éteints, glisse sur les eaux endormies...

Est-ce tout ? Non pas. Vous alliez omettre le plus important de l'affaire : le code secret.

Si le télégraphe transmet ce hiéroglyphe :

ARCWY YHXED CLASC

lisez :

Marchandises renfermées dans les caisses N°s 3 et 4.

Si vous tombez en arrêt devant ces chiffres : 76.010 et 75.379, traduisez :

Par mer, voie de Port-Saïd.

et :

Black (opium) de Constantinople.

Je m'arrête : le code a plus de cinquante pages.

Tel est, si j'ose dire, le matériel.

Il y manque encore les chaînons de l'engrenage. Les voici : ils sont de toute grosseur, de tout acabit.

Si ce gangster de la drogue descend dans les palaces, voyage en pullman et possède un yacht de plaisance, le convoyeur du poison est peut-être cet homme qui, dans les flancs du navire, graisse les machines, ou ce stewart en veste blanche qui sert, au bar, des boissons glacées.

Si cet important trafiquant de stupéfiants traite à Paris les gros achats d[e]
et d'héroïne qui doivent être
livrés à New-York, cet autre n
pour mission que de recruter le
(douaniers ou navigateurs) d
clandestin.

Si celui-ci est le chef, ceux-là
d'obscurs comparses qui, le pl
ignorent le nom de l'homme qu
et qui, pourtant, exécutent, poin
les consignes reçues.

Si cette bande accapare le m
coco en Europe, cette autre band
alimentera d'héroïne l'Extrême-O
troisième, les Etats-Unis.

Si le trafic international a, ici,
son quartier général, ses repaire
naux, ses têtes de ligne, dema
qu'un nouveau centre mondia
reconstitué.

Il faudra modifier la carte,
nouvelles liaisons, mais les rouag
fications du formidable réseau r
mêmes.

Et les Usines de Rêve domine
veau l'inquiétant panorama dès r
drogue.

⁂ ⁂ ⁂

Ce n'est pas sans peine que j'a
la trace toujours fuyante de ces ch
térieux. Ce n'est pas en un jour
pénétrer l'énigme de l'extraordi
nisation qui se cache derrière
détail du moindre gramme d'hé
cocaïne. Il me fallut, sans me
courir bien des étapes, surmont
obstacles.

— Et quoi ! me disait-on, vous
rare chance d'approcher d'aussi
est possible les sources du trafic
naissez aussi les débouchés q
offerts. Que voulez-vous de plus

— Tout le reste... Entre le poin
et le point d'arrivée, que se pass
rière ce formidable mécanisme d'
quels sont les grands chefs ? Co
ils ? Se trouve-t-on en face d'une
que ou de plusieurs bandes rival
ment s'effectue la liaison entre le
teurs d'un pays consommateur
marchands du pays producteur

Je sentais bien que je touchais
le plus délicat du problème. S
de mes premières recherches, je
contré que méfiance et rétic
étrange réserve accueillait à n
questions.

Des noms, parfois, échappaien
terlocuteurs, des noms de grand
de la drogue, mais si furtivemen
tait impossible de les lier entre
situer dans ce réseau qui, du ba
terranéen, s'étend au monde en

Mustapha lui-même, mon pro
ami, semblait frappé soudain d
et limitait ses propos à de vagu
dérations.

Ainsi, le voile qui s'était un
entr'ouvert était retombé. J'étais
veau dans une impasse.

C'est à ce moment qu'une sing
proposition me parvint.

On m'avait, ce jour-là, présen
un haut fonctionnaire de Stam

— Je sais ce que vous cherc
me dit ce personnage. Et j'ai
offre à vous faire. La police tur
est actuellement sur la piste d'
bande qui cherche à liquider u
gros stock d'héroïne. Nous avo
déjà avancé pas mal d'argent à d
intermédiaires. Il ne nous man-

(1) Voir « DÉTECTIVE », depuis le n° 229.

Deux trafiquants notoires : Gourevidès et Voyatzis, associés d'Elie Eliopoulos.

6e Année - N° 234 — 1 FR. 50 - TOUS LES JEUDIS - 16 PAGES — 20 Avril 1933

DÉTECTIVE

Les routes du poison

Entre l'opium «littéraire», entre les esclaves de la drogue et les Usines de Rêve, sait-on quel formidable réseau représentent, à travers le monde, les routes qui charrient la poudre folle?

(Lire, pages 8 et 9, la suite des révélations sensationnelles de Marcel Montarron.)

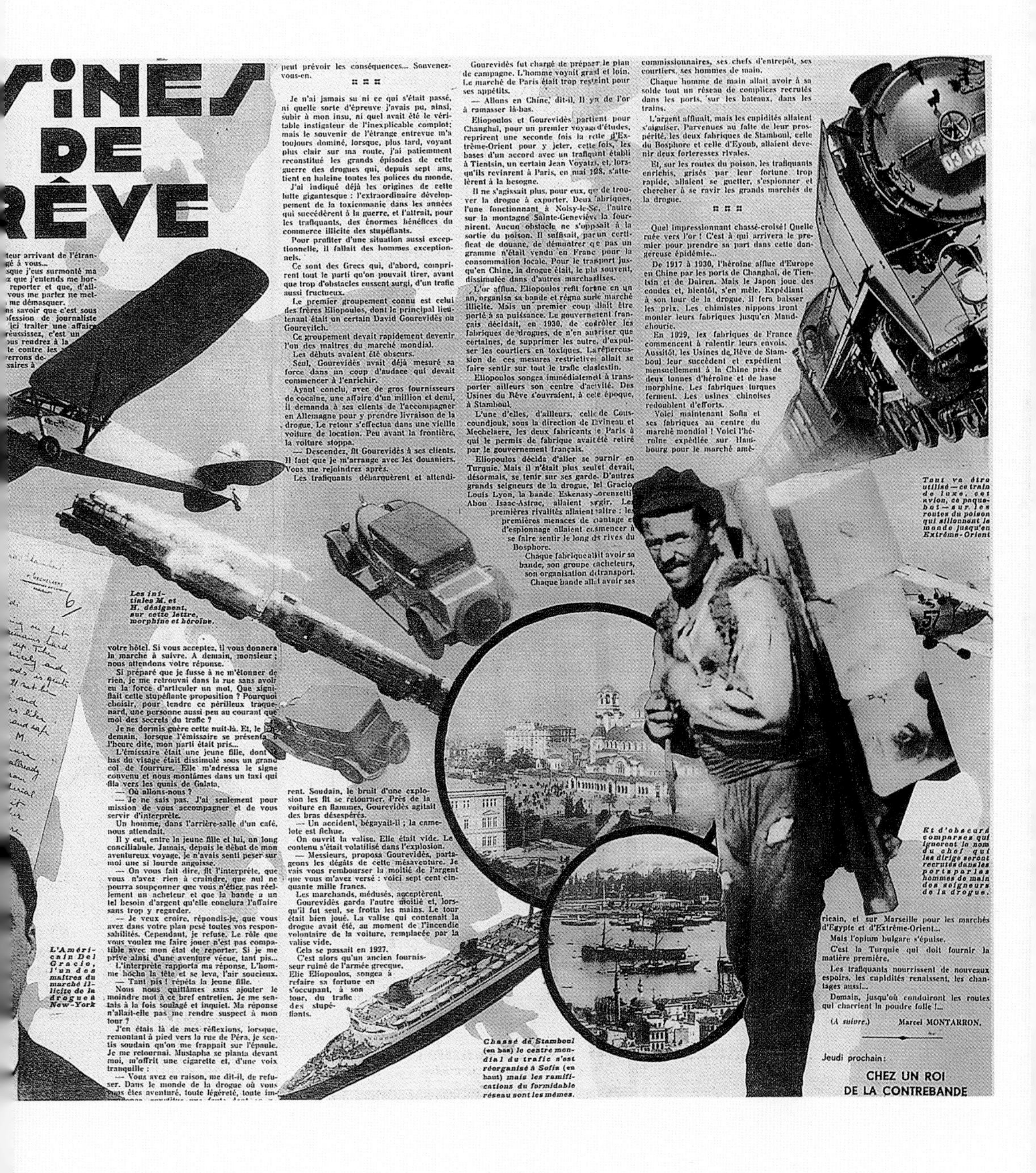

USINES DE RÊVE

peut prévoir les conséquences... Souvenez-vous-en.

¤ ¤ ¤

Je n'ai jamais su ni ce qui s'était passé, ni quelle sorte d'épreuve j'avais pu, ainsi, subir à mon insu, ni quel avait été le véritable instigateur de l'inexplicable complot; mais le souvenir de l'étrange entrevue m'a toujours dominé, lorsque, plus tard, voyant plus clair sur ma route, j'ai patiemment reconstitué les grands épisodes de cette guerre des drogues qui, depuis sept ans, tient en haleine toutes les polices du monde.

J'ai indiqué déjà les origines de cette lutte gigantesque : l'extraordinaire développement de la toxicomanie dans les années qui succédèrent à la guerre, et l'attrait, pour les trafiquants, des énormes bénéfices du commerce illicite des stupéfiants.

Pour profiter d'une situation aussi exceptionnelle, il fallait des hommes exceptionnels.

Ce sont des Grecs qui, d'abord, comprirent tout le parti qu'on pouvait tirer, avant que trop d'obstacles eussent surgi, d'un trafic aussi fructueux.

Le premier groupement connu est celui des frères Eliopoulos, dont le principal lieutenant était un certain David Gourevidès ou Gourevitch.

Ce groupement devait rapidement devenir l'un des maîtres du marché mondial.

Les débuts avaient été obscurs.

Seul, Gourevidès avait déjà mesuré sa force dans un coup d'audace qui devait commencer à l'enrichir.

Ayant conclu, avec de gros fournisseurs de cocaïne, une affaire d'un million et demi, il demanda à ses clients de l'accompagner en Allemagne pour y prendre livraison de la drogue. Le retour s'effectua dans une vieille voiture de location. Peu avant la frontière, la voiture stoppa.

— Descendez, fit Gourevidès à ses clients. Il faut que je m'arrange avec les douaniers. Vous me rejoindrez après.

Les trafiquants débarquèrent et attendirent. Soudain, le bruit d'une explosion les fit se retourner. Près de la voiture en flammes, Gourevidès agitait des bras désespérés.

— Un accident, bégayait-il ; la camelote est fichue.

On ouvrit la valise. Elle était vide. Le contenu s'était volatilisé dans l'explosion.

— Messieurs, proposa Gourevidès, partageons les dégâts de cette mésaventure. Je vais vous rembourser la moitié de l'argent que vous m'avez versé : voici sept cent cinquante mille francs.

Les marchands, médusés, acceptèrent.

Gourevidès garda l'autre moitié et, lorsqu'il fut seul, se frotta les mains. Le tour était bien joué. La valise qui contenait la drogue avait été, au moment de l'incendie volontaire de la voiture, remplacée par la valise vide.

Cela se passait en 1927.

C'est alors qu'un ancien fournisseur ruiné de l'armée grecque, Elie Eliopoulos, songea à refaire sa fortune en s'occupant, à son tour, du trafic des stupéfiants.

Gourevidès fut chargé de préparer le plan de campagne. L'homme voyait grand et loin. Le marché de Paris était trop restreint pour ses appétits.

— Allons en Chine, dit-il. Il y a de l'or à ramasser là-bas.

Eliopoulos et Gourevidès partient pour Changhaï, pour un premier voyage d'études, reprirent une seconde fois la route d'Extrême-Orient pour y jeter, cette fois, les bases d'un accord avec un trafiquant établi à Tientsin, un certain Jean Voyatzi, et, lorsqu'ils revinrent à Paris, en mai 1928, s'attelèrent à la besogne.

Il ne s'agissait plus, pour eux, que de trouver la drogue à exporter. Deux fabriques, l'une fonctionnant à Noisy-le-Sec, l'autre sur la montagne Sainte-Geneviève, la fournirent. Aucun obstacle ne s'opposait à la sortie du poison. Il suffisait, par un certificat de douane, de démontrer que pas un gramme n'était vendu en France pour la consommation locale. Pour le transport jusqu'en Chine, la drogue était, le plus souvent, dissimulée dans d'autres marchandises.

L'or afflua. Eliopoulos refit fortune en un an, organisa sa bande et régna sur le marché illicite. Mais un premier coup allait être porté à sa puissance. Le gouvernement français décidait, en 1930, de contrôler les fabriques de drogues, de n'en autoriser que certaines, de supprimer les autres, d'expulser les courtiers en toxiques. La répercussion de ces mesures restrictives allait se faire sentir sur tout le trafic clandestin.

Eliopoulos songea immédiatement à transporter ailleurs son centre d'activité. Des Usines du Rêve s'ouvraient, à cette époque, à Stamboul.

L'une d'elles, d'ailleurs, celle de Couscoundjouk, sous la direction de Dyvineau et Mechelaere, les deux fabricants de Paris à qui le permis de fabrique avait été retiré par le gouvernement français.

Eliopoulos décida d'aller se pourvoir en Turquie. Mais il n'était plus seul et devait, désormais, se tenir sur ses gardes. D'autres grands seigneurs de la drogue, tel Gracio, Louis Lyon, la bande Eskenasy-Lorenzetti, Abou Isaac-Astrac, allaient surgir. Les premières rivalités allaient naître ; les premières menaces de chantage et d'espionnage allaient commencer à se faire sentir le long des rives du Bosphore.

Chaque fabrique allait avoir sa bande, son groupe de receleurs, son organisation de transport.

Chaque bande allait avoir ses commissionnaires, ses chefs d'entrepôt, ses courtiers, ses hommes de main.

Chaque homme de main allait avoir à sa solde tout un réseau de complices recrutés dans les ports, sur les bateaux, dans les trains.

L'argent affluait, mais les cupidités allaient s'aiguiser. Parvenues au faîte de leur prospérité, les deux fabriques de Stamboul, celle du Bosphore et celle d'Eyoub, allaient devenir deux forteresses rivales.

Et, sur les routes du poison, les trafiquants enrichis, grisés par leur fortune trop rapide, allaient se guetter, s'espionner et chercher à se ravir les grands marchés de la drogue.

¤ ¤ ¤

Quel impressionnant chassé-croisé! Quelle ruée vers l'or ! C'est à qui arrivera le premier pour prendre sa part dans cette dangereuse épidémie...

De 1917 à 1930, l'héroïne afflue d'Europe en Chine par les ports de Changhaï, de Tientsin et de Dairen. Mais le Japon joue des coudes et, bientôt, s'en mêle. Expédiant à son tour de la drogue, il fera baisser les prix. Les chimistes nippons iront monter leurs fabriques jusqu'en Mandchourie.

En 1929, les fabriques de France commencent à ralentir leurs envois. Aussitôt, les Usines de Rêve de Stamboul leur succèdent et expédient mensuellement à la Chine près de deux tonnes d'héroïne et de base morphine. Les fabriques turques ferment. Les usines chinoises redoublent d'efforts.

Voici maintenant Sofia et ses fabriques au centre du marché mondial ! Voici l'héroïne expédiée sur Hambourg pour le marché américain, et sur Marseille pour les marchés d'Egypte et d'Extrême-Orient...

Mais l'opium bulgare s'épuise.

C'est la Turquie qui doit fournir la matière première.

Les trafiquants nourrissent de nouveaux espoirs, les cupidités renaissent, les chantages aussi...

Demain, jusqu'où conduiront les routes qui charrient la poudre folle !...

(*A suivre.*) Marcel MONTARRON.

Jeudi prochain :

CHEZ UN ROI DE LA CONTREBANDE

votre hôtel. Si vous acceptez, il vous donnera la marche à suivre. A demain, monsieur ; nous attendons votre réponse.

Si préparé que je fusse à ne m'étonner de rien, je me retrouvai dans la rue sans avoir eu la force d'articuler un mot. Que signifiait cette stupéfiante proposition ? Pourquoi choisir, pour tendre ce périlleux traquenard, une personne aussi peu au courant que moi des secrets du trafic ?

Je ne dormis guère cette nuit-là. Et, le lendemain, lorsque l'émissaire se présenta à l'heure dite, mon parti était pris...

L'émissaire était une jeune fille, dont le bas du visage était dissimulé sous un grand col de fourrure. Elle m'adressa le signe convenu et nous montâmes dans un taxi qui fila vers les quais de Galata.

— Où allons-nous ?

— Je ne sais pas. J'ai seulement pour mission de vous accompagner et de vous servir d'interprète.

Un homme, dans l'arrière-salle d'un café, nous attendait.

Il y eut, entre la jeune fille et lui, un long conciliabule. Jamais, depuis le début de mon aventureux voyage, je n'avais senti peser sur moi une si lourde angoisse.

— On vous fait dire, fit l'interprète, que vous n'avez rien à craindre, que nul ne pourra soupçonner que vous n'étiez pas réellement un acheteur et que la bande a un tel besoin d'argent qu'elle conclura l'affaire sans trop y regarder.

— Je veux croire, répondis-je, que vous avez dans votre plan pesé toutes vos responsabilités. Cependant, je refuse. Le rôle que vous voulez me faire jouer n'est pas compatible avec mon état de reporter. Si je me prive ainsi d'une aventure vécue, tant pis...

L'interprète rapporta ma réponse. L'homme hocha la tête et se leva, l'air soucieux.

— Tant pis ! répéta la jeune fille.

Nous nous quittâmes sans ajouter le moindre mot à ce bref entretien. Je me sentais à la fois soulagé et inquiet. Ma réponse n'allait-elle pas me rendre suspect à mon tour ?

J'en étais là de mes réflexions, lorsque, remontant à pied vers la rue de Péra, je sentis soudain qu'on me frappait sur l'épaule. Je me retournai. Mustapha se planta devant moi, m'offrit une cigarette et, d'une voix tranquille :

— Vous avez eu raison, me dit-il, de refuser. Dans le monde de la drogue où vous vous êtes aventuré, toute légèreté, toute im-

Les initiales M. et H. désignent, sur cette lettre, morphine et héroïne.

Tout va être utilisé — ce train de luxe, cet avion, ce paquebot — sur les routes du poison qui sillonnent le monde jusqu'en Extrême-Orient.

Et d'obscurs comparses qui ignorent le nom du chef qui les dirige seront recrutés dans les ports par les hommes de main des seigneurs de la drogue.

L'Américain Del Gracio, l'un des maîtres du marché illicite de la drogue à New-York.

Chassé de Stamboul (en bas) le centre mondial du trafic s'est réorganisé à Sofia (en haut) mais les ramifications du formidable réseau sont les mêmes.

☆上圖　這幅魏斯（N.C. Wyeth, 1882-1945）的畫作所標示的故事是〈當代鴉片食用者〉（A Modern Opium Eater）。魏斯爲了畫這幅作品，顯然曾到過費城的鴉片煙館。文章是由匿名記者No. 6606所寫，刊登於1914年6月的《美國雜誌》（*The American Magazine*）。

參考書目
BIBLIOGRAPHY

General Bibliography

"Aleister Crowley" from *Twentieth-Century Literary Criticism*. Vol. 7. Edited by Sharon K. Hall Detroit: Gale Research, 1982.

Anderson, Lindsay. *A Cruise in an Opium Clipper*. London: George Allen & Unwin, 1935 (1st published 1891).

Anonymous. *Points and Pickings of Information about China and the Chinese*. London: Grant and Griffith, 1844.

Assam Opium Enquiry. Cinnamara, Jorhat, Assam: R. K. Hatibarua, 1925.

Bachmann, Christian, and Anne Coppel. *Le Dragon domestique: Deuxsiècles de relations étranges entre l' Occident et la drogue*. Paris: Albin Michel, 1989.

Baedeker, Karl. *Baedeker's London and Its Environs*. Leipsic: Karl Baedeker, 1900.

Barbosa, Duarte. *A Description of the Coasts of East Africa and Malabar in the Beginning of the Sixteenth Century*. Translated by Henry E. J. Stanley. London: Hakluyt Society, 1866.

Baudelaire, Charles. *Artificial Paradise*. Translated by Ellen Fox. New York: Herder and Herder, 1971 (1st published as *Les Paradis artificiels*, 1860).

Beck, Louis J. *New York's Chinatown*. New York: Bohemia Publishing, 1898.

Bell, H.T. Montague, and H.G.W. Woodhead. *The China Year Book: 1912*. Nendeln, Liechtenstein: Kraus Reprint, 1969.

Berridge, Virginia, and Griffith Edwards. *Opium and the People: Opiate Use in Nineteenth-Century England*. London: Allen Lane, 1981.

Brownlow, Kevin. *Behind the Mask of Innocence*. New York: Alfred A. Knopf, 1990.

Buell, R. L. *The International Opium Conferences*. Boston: World Peace Foundation, 1925.

Burke, Thomas. "A Chinese Night: Limehouse" in *Nights in London*. New York: Henry Holt, 1918.

Burton, Robert. *The Anatomy of Melancholy*. Edited by Floyd Dell and Paul Jordan-Smith. New York: Farrar and Rinebart, 1927 (1st published in Latin, 1621).

Chateaubriand, François-René de. *Itinéraire de Paris à Jérusalem*. Paris: Les Productions des Paris, 1963 (1st published 1811).

Cocteau, Jean. *Opium: The Diary of a Cure*. Translated by Margaret Crosland and Sinclair Road. London: Peter Owen, 1957 (1st published in French as Opium: journal d'une désintoxication, 1930).

Collis, Maurice: *Foreign Mud: Being an Account of the Opium Imbroglio at Canton in the 1830's and the Anglo-Chinese War*. New York: W.W. Norton, 1968 (1st published 1946).

Con, Harry, Ronald J. Con, Graham Johnson, Edgar Wickberg, William E. Willmott. *From China to Canada: A History of the Chinese Communities in Canada*. Toronto: McClelland & Stewart, 1982.

Cooke, Mordecai C. *The Seven Sisters of Sleep*. London: James Blackwood, 1860.

Courtwright, David T. *Dark Paradise: Opiate Addiction in America before 1940*. Cambridge, Mass.: Harvard University Press, 1982.

de Amicis, Edmondo. *Constantinople*. Translated by Maria Hornor Lansdale. Vol. I. Philadelphia: Henry T. Coates, 1896.

De Quincey, Thomas. *Confessions of an English Opium-Eater*. London: Oxford University Press, 1902 (1st published 1821).

Dillon, Richard H. *The Hatcher Men: The Story of the Tong Wars in San Francisco's Chinatown*. New York: Coward-McCann, 1962.

Dubro, James. *Dragons of Crime: Inside the Asian Underworld*. Markham, Ontario: Octopus, 1992.

Dukes, Edwin Joshua. *Everyday Life in China*. London: The Religious Tract Society, 1885.

du Tott, Alphonse. *Memoirs of the Turks and Tartars*. 1785, cited in Wilson, Daniel. *An Inaugural Dissertation on the Morbid Effects of Opium Upon the Human Body*. Philadelphia: Solomon W. Conrad, 1803.

Eden, Charles H. *China: Historical and Descriptive.* London: Marcus Ward, 1877.

Edkins, J. *Opium: Historical Note, or The Poppy in China.* Shanghai American Presbyterian Mission Press, 1898.

Ellman, Richard. *Oscar Wilde.* New York: Alfred A. Knopf, 1988.

"Emily Hahn," from *Contemporary Authors.* Vol. 27. Edited by Hal May and James G. Lesniak. Detroit: Gale Research, 1989.

The Family Physician: A Manual of Domestic Medicine, Vol. III. London: Cassell, c. 1900.

Farwell, Willard B. *The Chinese at Home and Abroad: together with The Report of the Special Committee of the Board of Supervisors of San Francisco, on the Condition of the Chinese Quarter of that City.* San Francisco: A.L. Bancroft, 1885.

Forbes, F. E. *Five Years in China: From 1842 to 1847.* London: Richard Bentley, 1848.

Fortune, Robert. *Three Years' Wanderings in the Northern Provinces of China.* 2nd edition. London: John Murray, 1847.

Gautier, Théophile. Constantinople. Paris: Michél Lévy Frères, 1857.

——. "The Opium Pipe" in *Hashish, Wine, Opium.* Translated by Maurice Stang. London: Calder and Boyars, 1972 (1st published as "La Pipe d'opium," 1838).

Gilbert-Lecomte, Roger. *Correspondance.* Preface and Notes by Pierre Minet. Paris: Gallimard, 1971.

Goldsmith, Margaret. *The Trail of Opium: The Eleventh Plague.* London: Robert Hale, 1939.

Greene, Graham. *Ways of Escape. Toronto*: Lester & Orpen Dennys, 1980.

Gregson, Harry. *A History of Victoria: 1842-1970.* North Vancouver: J. J. Douglas, 1970.

Gunther, Robert T. *The Greek Herbal of Diascorides.* New York: Hafner, 1959 (1st published 1933).

Hahn, Emily. "The Big Smoke" in *Times and Places.* New York: Harper & Row, n.d.

Hayter, Alethea. *Opium and the Romantic Imagination.* London: Faber and Faber, 1968.

Homer. The *Odyssey.* Translated by E. V. Rieu. Harmondsworth: Penguin Books, 1946.

Huc, M. *The Chinese Empire: A Sequel.* London: Longman, Brown, Green, Longmans, and Roberts, 1859.

Johnson, Edgar. *Charles Dickens: His Tragedy and Triumph.* Vol. 2. New York: Simon and Schuster. 1952.

Kane, Harry Hubbell. *Opium-Smoking in America and China.* New York: G. P. Putnam, 1882.

Kapoor, L. D. *Opium Poppy: Botany, Chemistry, and Pharmacology.* New York: Food Products Press, 1995.

King, W. L. Mackenzie. *Losses Sustained by the Chinese Population of Vancouver, B. C.* Sessional Paper No. 74f. Ottawa: King's Printer, 1908.

——. *The Need for the Suppression of the Opium Traffic in Canada.* Sessional Paper No. 36b. Ottawa: King's Printer, 1908.

Kipling, Rudyard. *From Sea to Sea: Letters of Travel, Part II.* New York: Charles Scribner's Sons, 1970.

Knox, Thomas W. *Adventures of Two Youths in a Journey to Ceylon and India.* New York: Harper & Brothers, 1881.

Lai, Chuen-yan David. *Chinatowns: Towns within Cities in Canada.* Vancouver: UBC Press, 1988.

La Motte, Ellen N. *The Opium Monopoly.* New York: Macmillan, 1920.

Lane, Edward W. *The Manners and Customs of the Modern Egyptians.* London: J.M. Dent & Sons, 1908 (1st published 1836).

Lawrence, James B. *China and Japan: A Voyage Hither.* Hartford: Press of Case, Lockwood & Brainard, 1870.

Lewin, Louis. *Phantastica: Narcotic and Stimulating Drugs.* New York: E. P. Dutton, 1964 (1st published 1931).

Liedekerke, Arnould de. *La Belle époque de l'opium.* Paris: Aux éditions de la différence, 1984.

Lindesmith, Alfred R. *Opiate Addiction.* Evanston, Illinois: The Principia Press of Illinois, n.d.

Lodwick, Kathleen. *Crusaders Against Opium: Protestant Missionaries in China, 1874-1917.* Lexington: The University Press of Kentucky, 1996.

Lubbock, Basil. *The China Clippers.* London: Brown, Son & Ferguson, 1914.

Martin, W.A.P. *A Cycle of Cathay.* Edinburgh:

Oliphant Anderson and Ferrier, 1896.

Merlin, Mark David. *On the Trail of the Ancient Opium Poppy*. Rutherford, N.J.: Fairleigh Dickinson University Press, 1984.

Michaelis, David. *N. C. Wyeth*. New York: Alfred A. Knopf, 1998.

Murphy, Emily. *The Black Candle*. Toronto: Thomas Allen, 1922.

Murray's Handbook to India, Burma & Ceylon. London: John Murray, 1909.

Nerval, Gérard de. *A Journey to the Orient*. Translated by Norman Glass. London: Peter Owen, 1972. (Abridged from the original *Voyage en orient*, 1851).

"Opium" in *Encyclopedia Britannica*. Vol. XVII. 9th edition. Philadelphia: J. M. Stoddart, 1878.

"Opium" in *The New Encyclopedia Britannica*. 15th edition, Chicago, 1985.

Parssinen, Terry M. *Secret Passions, Secret Remedies: Narcotic Drugs in British Society 1820-1930*. Manchester: Manchester University Press, 1983.

Pichois, Claude. *Baudelaire*. Translated by Graham Robb. London: Hamish Hamilton, 1989 (1st published in French, 1987).

Pliny, *The Natural History of Pliny, Book XX*, Vol. 4. Translated by John Bostock and H.T. Riley. London: Henry G. Bohn, 1856.

Pomet, Pierre. *A Compleat History of Druggs*, Vol. I. London: R. Bonwicke, William Freeman, Timothy Goodwin, Matthew Wotton, John Walthoe, S. Manship, John Nicholson, Benjamin Tooks, Rich. Parker, and Ralph Smith, 1712 (1st published in French, 1694).

Quella-Villéger, Alain. *Le cas Farrère*. Paris: Presses de la Renaissance, 1989.

Quirmbach, A. P. *From Opium Fiend to Preacher*, Toronto: Musson, 1907.

Richthofen, Baron. *Baron Richthofen's Letters*, 1870-1872, 2nd, ed. Shanghai: The North-China Herald, 1903.

Rouveyre, André. *Apollinaire*. Paris: Gallimard, 1945.

Rush, James. *Opium to Java: Revenue Farming and Chinese Enterprise in Colonial Indonesia*, 1860-1910. Ithaca: Cornell University Press, 1990.

Salmon, André. *Souvenirs sans fins*. Vol. I: 1903-1908, Vol. II: 1908-1920. Paris: Gallimard, 1955.

Sherry, Norman. *The Life of Graham Greene*, London: Jonathan Cape, 1994.

Sirr, Henry Charles. *China and the Chinese: Their Religion, Character, Customs and Manufactures*; the Evils Arising from the Opium Trade. Vols. I & II. London: Wm.S. Orr, 1849.

Sixth Biennial Report of the Oregon State Insane Asylum for 1895. Salem: Frank C. Baker, State Printer, 1894.

Steegmuller, Francis. *Apollinaire*. Hamondsworth: Penguin, 1996 (1st published 1963).

——. *Cocteau: A Biography*. Boston: Atlantic Monthly Press, 1970.

Stoddard, Richard Henry. *Edgar Allan Poe's Works*, Vols. I and II. London: Kegan, Paul, Trench, 1884.

Sydenham, Thomas. *The Works of Thomas Sydenham*, M. D. London: Printed for the Sydenham Society, 1858 (1st published in Latin, 1682).

Taylor, Fitch W. *A Voyage Round the World*. New Haven: H. Mansfield, 1842.

Terry, Charles, and Mildred Pellens. *The Opium Problem*. New York: Bureau of Social Hygiene, 1928.

Thomson, John. *The Land and the People of China*. London: Society for Promoting Christian Knowledge, 1876.

——. *Dix ans de voyages dans la Chine et l'Indo-Chine, Paris: Hachette*, 1877.

Trocki, Carl A. *Opium and Empire: Chinese Society in Colonial Singapore, 1800-1910*. Ithaca: Cornell University Press, 1990.

Twain, Mark. *Roughing It*. Vol. II. New York: Harper, 1904.

Virgil, *The Aeneid*. Translated by Robert Fitzgerald. New York: Random House, 1981.

Waley, Arthur. *The Opium War Through Chinese Eyes*. London: George Allen & Unwin, 1958.

Walzer, Pierre-Olivier. *Paul-Jean Toulet: Quiêtes-vous?* Lyon: La Manufacture, 1987.

Watney, John. *Clive of India*. Westmead, Farnborough,

England: Saxon House, 1974.
Whitaker, Joseph. *An Almanack: For the Year of Our Lord 1879*. London: J. Whitaker, 1879.
Williams, Allen S. *The Demon of the Orient*. New York: Allen S. Williams, 1883.
Williams, S. Wells. *The Middle Kingdom: A Survey of the Geography, Government, Literature, Social Life, Arts, and History of the Chinese Empire*. Vol. II, New York: Charles Scribner's Sons, 1899.
Yvorel, Jean-Jacques. *Les Poisons de l'esprit: drogues et drogués au XIX siècle*. Paris: Quai Voltaire, 1992.

Fiction

Algren, Nelson. *The Man with the Golden Arm*. New York: Doubleday, 1949.
Barnitz, Park, *The Book of Jade*. New York: Doxey's, 1901.
Baudelaire, Charles. "La Chambre double" in *Petits Poèmes en Prose*. Paris: Garnier Frères, 1928 (1st published 1869).
——. *Les Fleurs du Mal. Paris: Calmann-Lévy*, c. 1868 (1st published 1857).
——. *Les Paradi artificiels*. Paris: Gallimard, 1961 (1st published 1851).
Burke, Thomas. *Limehouse Nights*. New York: Thomas McBride, 1926 (1st published 1917).
Carpenter, Grant. *The Night Tide: A Story of Old Chinatown*. New York: The H.K. Fly Co., 1920.
Colette. *The Pure and the Impure*. Translated by Herma Briffault. London: Martin Secker & Warburg, 1968 (1st published as *Ces plaisirs*, 1932 and *Le pur et l'impur*, 1941).
Colton, John. *The Shanghai Gesture: A Play*. New York: Boni and Liverigh 1926.
Desnos, Robert. *Le Vin est tiré...* Paris: Gallimard, 1943.
Dickens, Charles. *The Mystery of Edwin Drood*. London: Chapman and Hall, 1870.
Doyle, Sir Arthur Conan. *"The Man with the Twisted Lip" in The Complete Sherlock Holmes*, Vol. I. New York: Doubleday, 1930 (1st published 1887).
Dryden, John. *The Poems and Fables of John Dryden*. Edited by James Kinsley. London: Oxford University Press, 1962.
Farrère, Claude. *Fumée d'opium*, Paris: Librairie Paul Ollendorff, 1904.
——. *Les Civilisés*. Paris: Librairie Paul Ollendorff, 1905.
——. *Les Petites alliées*. Paris: Flammarion, 1947.
Gautier, Théophile. *Mademoiselle de Maupin*. Paris: Bibliothèque-Charpentier, 1907 (1st published 1835-36).
Glynn-Ward, Hilda, *The Writing on the Wall*, Toronro: The University of Toronto Press, 1974 (1st published 1921).
Greene, Graham. *The Quiet American*. New York: The Viking Press, 1955.
Jarry, Alfred, "L'Opium" from "Les minutes de sable mémorial" in UbuRoi, Ubu Enchainé. Monte Carlo: Éditions du Livre, n.d.
Kipling, Rudyard, "The Gate of the Hundred Sorrows" in *Plain Tales from the Hills*. New York: Charles Scribner's Sons, 1899.
Lorrain, Jean. *Monsieur de Phocas*, Translated by Francis Amery. Sawutry Cambridgeshire: Dedalus, 1994 (1st published in French, 1901).
Magre, Maurice. *Les Soirs d'opium. L'CEuve amoureuse et sentimentale*. Paris: Bibliothèque des Curieux, 1922.
Malraux, André. *Man's Fate*. Translated by Haakon M. Chevalier. New York: The Modern Library, 1934. (1st published as *La Condition humaine*, 1933).
Ovid. Fasti. Translated by James George Frazer. Cambridge, Mass: Harvard University Press, 1951.
——. "Cosmetics for Ladies" in *The Love Poems*. Translated by A. D. Melville. Oxford: Oxford University Press, 1990.
——. *Metamorphoses*. Translated by Horace Gregory. New York: Viking Press, 1958.
Picabia, Francis, *Canavansérail*. Introduction by Luc-Henri Mercié. Paris: Pierre Belfond, 1974 (from a manuscripe written in 1924).
Poe, Edgar Allan, "The Fall of the House of Usher," "A Tale of Ragged Mountain," "MS Found in a Bottle" and "Ligeia" in *The Portable Poe*. Edited by Philip Van Doren Stern. New York: Viking, 1945.
Rohmer, Sax. *Dope: A Story of Chinatown and the*

Drug Traffic. New York: A. L. Burt, 1917.
——. The Yellow Claw. New York: Robert M. McBride, 1917.
Shakespeare, William, Othello, *The Moor of Venice*. Act III, Scene III.
Symons, Arthur. "The Opium-Smoker" in *Poems by Arthur Symons*. Vol. I. New York: Dodd, Mead, 1934 (1st published 1889).
Toulet, Paul-Jean. *Les Contrerimes*. Paris: Éditions Emile-Paul Freres, 1939.
Verne, Jules. "À la morphine," in Poésies inédites. Annotated by Christian Robin. Paris: Le cherche midi éditeur, 1989.
——. *Around the World in Eighty Days*. Translated by George M. Towle. London: Sampson Low, Martston, 1874 (1st published in French, 1873).
——. "The Tribulations of a Chinaman in China," *Works of Jules Verne*. Vol. XI. New York: Vincent Parke, 1911.
Wilde Oscar. *The Picture of Dorian Gray*. New York: Modern Library, 1926 (1st published 1891).

Periodicals

Anonymous. "Confession of a Young Lady Laudanum-Drinker," *The Journal of Mental Sciences*. January 1889.
"Articles of import and Export of Canton," The Chinese Repository, February 1833-34, Vol. II. Canton: The Chinese Repository, 1834.
"Crisis in the opium traffic," *The Chinese Repository*, June, 1839, Vol. VIII. Canton: The Chinese Repository, 1840.
"Destruction of the opium at Chunhow (Chinkow)," *The Chinese Repository*, June 1839, Vol. VIII. Canton: The Chinese Repository, 1840.
Doesticks, P. B. "Among the Chinamen," *Frank Leslie's Illustrated Newspaper*, 6 February, 1858.
"Drug Traffic in Shanghai," *North China Herald*, 14 July 1923.
"Expenses of the War with China," *The Illustrated London News*, 21 July 1860.
Heu Kew, "Memorial of Heu Kew against the admission of opium," *The Chinese Repository*, January 1837, Vol. V. Canton: The Chinese Repository, 1837.
Honoré, Fernand. "L'Opium en Indo-Chine," *L'Illustration. 29 février 1896*, no. 2766.
Hwang Tseôtsze, "Memorial from Hwang Tseôtsze, soliciting increased severity in the punishments of the consumers of opium and the imperial reply," *The Chinese Repository*, September 1838, Vol. VII. Canton: The Chinese Repository, 1839.
The Illustrated London News. 25 August 1860.
The Illustrated London News. 2 September 1860.
Latzarus, Louis. "Le Paradis des idiots," *Voilà*. Paris, 23 avril 1932, no. 57.
Lin, Tse-haü. "Letter to the Queen of England from the imperial commissioner and the provincial authorities requiring the interdiction of opium," *The Chinese Repository*, May 1839, Vol. VII. Canton: The Chinese Repository, 1840.
Montarron, Marcel. *Détective*, 20 April 1933.
No. 6606. "A Modern Opium Eater." *The American Magazine*, Vol. 78, LXXVIII, June 1914.
"1,500,000 Drug Users in America, He Says, " *New York Times*, 14 May, 1923.
"Opium," *The Chinese Repository*, August 1832, Vol. II. Canton: The Chinese Repository, 1833.
"Opium in the Army." *The Chinese Repository*, May 1832, Vol. II. Canton: The Chinese Repository, 1833.
"Opium, opium dealers and smokers," *The Chinese Repository*, November 1838m Vol.VII, Canton: The Chinese Repository, 1839.
Rapaport, Benjamin. "The Chinese Opium Pipe" in *Arts of Asia*. Vol. 25, no. 2, March-April, 1995.
Tang, "Proclamation respecting opium, addressed to the people of the province of Canton, by their excellencies the governor and lieut.-governor of the said province," *The Chinese Repository*, January 1839, Vol. VII. Canton: The Chinese Repository, 1839.
"The traffic in opium carried on with China," *The Chinese Repository*, 1836-37, Vol. V. Canton: The Chinese Repository, 1837.

國家圖書館出版品預行編目資料

鴉片／芭芭拉・霍奇森（Barbara Hodgson）著；
邱文寶 譯. ──初版. ── 臺北市：三言社出
版：家庭傳媒城邦分公司發行，2005[民94]
160面；17 × 22公分
ISBN 986-7581-18-0(平裝)
1. 毒品
548.82 94010661